本书获江苏省"333工程"培养资金资助项目"全球价值链演进新趋势下江苏制造业转型升级举措研究"(BRA2017399)的资助

经济管理学术文库·经济类

新国际分工下
制造业服务化与价值链攀升
——理论、经验及路径

Manufacturing Servitization and GVC Upgrading
under the New International Division of Labor

戴 翔 何启志 吴松强／著

图书在版编目（CIP）数据

新国际分工下制造业服务化与价值链攀升——理论、经验及路径/戴翔，何启志，吴松强著 . —北京：经济管理出版社，2018.11
ISBN 978 - 7 - 5096 - 6104 - 8

Ⅰ. ①新… Ⅱ. ①戴… ②何… ③吴… Ⅲ. ①制造工业—服务经济—研究—中国 Ⅳ. ①F426.4

中国版本图书馆 CIP 数据核字（2018）第 240681 号

组稿编辑：张巧梅
责任编辑：张巧梅　杨　帆
责任印制：司东翔
责任校对：王淑卿

出版发行：经济管理出版社
　　　　　（北京市海淀区北蜂窝 8 号中雅大厦 A 座 11 层　100038）
网　　址：www.E - mp.com.cn
电　　话：（010）51915602
印　　刷：北京玺诚印务有限公司
经　　销：新华书店
开　　本：720mm×1000mm/16
印　　张：11.5
字　　数：194 千字
版　　次：2019 年 1 月第 1 版　2019 年 1 月第 1 次印刷
书　　号：ISBN 978 - 7 - 5096 - 6104 - 8
定　　价：68.00 元

·版权所有　翻印必究·
凡购本社图书，如有印装错误，由本社读者服务部负责调换。
联系地址：北京阜外月坛北小街 2 号
电话：（010）68022974　　邮编：100836

前　言

党的十九大报告强调："促进我国产业迈向全球价值链中高端。"经过改革开放40年来的发展，在经济全球化发展的浪潮中，中国抓住了重要战略机遇，依托人口红利等传统低成本优势，在快速而深度地融入全球价值链分工体系中，实现了制造业产业开阔式的推进，并成为全球制造业大国。目前，贴遍全球的中国制造标签就是明证。尽管中国制成品出口在整体上取得了显著的在位规模优势，并且在一定程度上实现了技术水平和国际分工地位的提高，但全球价值链分工体系下大而不强仍然是中国制造业成长的烦恼。尤其是近年来面临国际国内环境的深刻变化，长期以来，一直从低端切入全球价值链的中国制造业不仅出口遇到了前所未有的天花板约束，而且面临着"前有堵截，后有追兵"的发展困境。中国制造业亟待攀升全球价值链中高端，其中，理论界和实践部门一致认为制造业服务化是攀升全球价值链的重要战略举措和路径。虽然制造业服务化一直是促进价值链攀升的一个重要命题假说，但囿于数据可得性和研究方法，对于中国当前的制造业服务化水平及其发展空间，我们仍然缺乏来自数据层面的经验认识，同时上述命题假说也一直停留在理论推演层面，较少得到有说服力的直接实证检验。

实际上，伴随着国际生产分割技术的快速进步、信息通信科技的突飞猛进和广泛应用，以及由此推动的国际服务品产品内分工的快速发展，如同制造业的全球非一体化生产一样，服务业也是一个碎片化快速发展的行业，从而使得服务品的不同阶段和环节被日益分解，并被配置和分散到具有不同比较优势的国家和地区。换言之，全球价值链分工不仅发生在制造业领域，同样存在于服务业领域，服务业全球化和碎片化成为当前新国际分工的重要特征。因此，从服务投入的来源角度来看，制造业服务化既有可能依托于国内服务投入的增加而实现，也有可能依赖于国外服务投入的增加而实现。这就提出了一个很有理论意义和实践价值的课题：在服务业全球化和碎片化的新国际分工背景下，制造业服务化一定能够促进价值链攀升吗？不同服务投入来源所导致的制造业服务化是否对制造业攀升全球价值链有不同影响？或者说，源自国外服务投入增加所导致的制造业服务化与源自国内服务投入增加所导致的制造业服务化对制造业攀升全球价值链是否具有同样的效应？如果现实效应是不同的，那么影响的差异性是什么？这种差异性的综合效果如何，也就是综合国外服务和国内服务总投入的制造业服务化对制造业攀升全球价值链是否具有显著影响？在新国际分工背景下，如何依托制造业服务化促进制造业攀升全球价值链？显然，对于诸如以上问题的回答，无疑是一个具有重要理论意义、现实意义和前瞻意义的大课题。

正是基于这样一种背景和现实需求，近年来，课题组成员围绕制造业服务化是否能够促进制造业攀升全球价值链问题开展了系列相关研究，并取得了一定的成果。在本书的研究中，我们力求在以下几个方面做出一些具有理论创新价值和实践价值的有益探讨。

第一，新国际分工下制造业服务化促进制造业攀升全球价值链的理论修正。制造业服务化通常有两种，一种是投入服务化，另一种是产出服务化。本书研究主要侧重于前者，即从服务投入角度研究制造业服务化问题。基于中间投入的角度，生产性服务业对制造业转型升级进而价值链攀升的影响，现有文献所得研究观点基本一致，即作为高端生产要素或者高端生产要素的载体，其投入增加显然对制造业生产效率以及分工地位的提升具有积极影响，但是上述理论逻辑背后其实有一个重要假定或者说背景，那就是作为中间投入的服务主要来自于一国国内。换言之，已有研究文献在探讨制造业攀升全球价值链时主要聚焦于制造业本身，却忽视了价值链分工中服务全球化和碎片化问题，因而必须予以修正。本书研究认为，当价值链分析从制造业拓展至服务业时容易理解，从来源国别结构上看，制造业服务化过程中的服务投入不再局限于本国服务供给，甚至可以说在服务业全球化和碎片化的价值链分工体系下，服务投入的来源国别多元化是一种必然。如果制造业附加值增值能力和全球价值链分工地位由服务投入决定的话，那么上述情形显然意味着制造业服务化对全球价值链分工地位的影响具有不确定性。制造业全球价值链分工地位主要表现为两个方面：一方面是参与全球分工的增加值创造能力；另一方面是对价值链的掌控能力。当然，上述两个方面的能力并非相互孤立，通常具有较高的相关性，一是较高的掌控能力通常意味着控制着较高的附加值增值环节;二是较高的增加值创造能力通常也意味着对价值链的掌控能力较强。但是无论从哪一方面来看,考虑到服务投入来源的国别多元化以后,制造业全球价值链真实分工地位都必须予以重新评估。从增加值创造能力角度来看,因为服务投入是增加值甚至是高附加值的主要来源,由这一部分创造的价值增值不仅来自于国内服务投入,同样也来自于国外服务投入。因此制造业参与全球价值链分工体系而创造的真实附加值,必须剔除国内服务要素所贡献的部分。同样地,从对价值链掌控能力来看,由于制造业在全球价值链分工体系的地位取决于服务投入,或者说服务投入对价值链的控制,那么这种控制力既可能来源于国内,也可能来源于国外。显然,来源于国外服务投入所形成的价值链掌控能力实质上体现的并非是本国制造业全球价值链分工地位,而是本国制造业价值链分工地位的一种弱化乃至被锁定。由此可见,考虑到包括服务业在内的全球价值链分工条件后,由于服务投入的来源国别多元化,制造业服务化对制造业全球价值链分工地位的影响具有不确定性。更确切地说,当我们不区分服务投入来源的国别结构,笼统地考虑制造业服务化对制造业全球价值链分工地位的影响,其效应应该具有不确定性。区分来源结构时,依托于国外服务投入增加的制造业服务化,对本国制造业全球价值链分工地位的影响具有消极性;基于国内服务投入增加的制造业服务化,对本国制造业全球价值链分工地位具有积极影响。

第二,新国际分工下制造业服务化促进制造业攀升全球价值链的检验重塑。以修正后的理论为先导,本书运用世界投入产出数据库(WIOD)发布的最新基础数据,借鉴最新方法分别从整体和细分层面测算了44个国家(地区)在2000~2014年的制造业服务化水平,并从整体层面测算了各个国家(地区)对应的全球价值链分工地位。首先,通过对制造业服务化水平测算结果的数据分析发现,无论是整体行业层面还是细分行业层面,以出口内含服务增加值为表征的制造业服务化都有深入发展趋势,但中国在样本经济体中排名较为靠后。其次,在对制造业服务化的国内外服务投入来源结构进行区分的基础上,本书又采用跨国面板数据和中国的制造业行业面板数据对上述命题假说进行了实证检验。计量研究结果表明,在不区分服务投入国内外来源结构的情况下,单纯考虑整体意义上的制造业服务化水平,对全球价值链分工地位并无显著影响;如果进一步区分服务投入来源结构,计量检验结果表明,基于国内服务投入增加的制造业服务化发展,对全球价值链分工地位提升具有显著积极影响,而基于国外服务投入增加的制造业服务化发展,反而对全球价值链分工地位提升产生显著的抑制作用。据此,本书的观点是目前中国制造业服务化水平依然较低,依托制造业服务化的产业结构调整拥有广阔的可操作空间。通过制造业服务化也的确可以实现全球价值链的攀升,但不能为了服务化而笼统地谈服务化,必须区分服务投入的国内外来源和技术含量,即如何推进本国服务业尤其是高级生产性服务业发展,有效提升制造业生产过程中作为中间品的本国服务投入含金量,才是提升全球价值链分工地位的关键所在。

第三,新国际分工下制造业服务化不同服务投入来源结构差异的影响因素。综合现有文献中关于制成品出口技术复杂度以及服务贸易影响因素的研究文献,本书研究认为,以制造业出口内含服务化含量为表征的制造业服务化,可能会受到制造业部门利用外资水平、各制造业部门的资本有机构成、各制造业部门的创新能力、各制造业部门的垂直专业化程度、服务贸易渗透率(表示服务业开放程度)、服务业发展程度以及经济发展水平等新国际分工下制造业服务化的重要因素影响,而且上述各因素对不同指标度量的制造业服务化影响作用力可能也不尽相同。关于这一判断,无论是基于采用跨国面板数据的经验分析所得结论,还是基于采用中国行业面板数据的经验分析所得结论,均得到了证实。也就是说,实证检验的结果表明,制造业垂直专业化程度、服务贸易开放度、国内服务业发展水平、制造业资本有机构成、制造业创新能力以及经济发展水平,都在一定程度上影响着制造业服务化的总体水平。从内含国内服务增加值和国外服务增加值分解的角度看,同一变量的影响略有差异,诸如垂直专业化程度和贸易开放度等变量,对制造业出口内含国外服务增加值的影响更大,而诸如国内服务业发展水平等则对内含国内服务增加值的影响更大。

第四,新国际分工下制造业服务化促进制造业攀升全球价值链的路径创新。无论是理论分析还是经验研究,本书的研究结论均表明,基于国外服务投入增加的制造业服务化,无论是从附加值创造能力提升角度看,还是从对价值链掌控能力提升角度看,其作用都是消极和负向的;基于国内服务投入增加的制造业服务化,无论是从附加值创造能力提升角度看,还是从对价值链掌控能力提升角度看,其作用都是积极和正向的。两种相反作用力的综合结果就是,制造业服务化对制造业攀升全球价值链具有不确定性。上述研究结论并不是否定中国加快推进服务业开放的理论依据和现实意义,而是引发我们思考如何通过服务业开放反向拉动国内服务业尤其是高端服务业发展，从而夯实制造业服务化的国内服务投入来源的产业根基。这一点从影响制造业服务化发展关键因素的实证分析结论中也可见一斑，即国内服务业发展对依托国内服务投入而提升制造业服务化发展水平更为重要。上述研究所蕴含的政策意义是，摆脱制造业发展过程中过度依赖国外服务的纯粹中间投入是依托服务业开放，而通过引进国外服务产生的竞争效应、产业集聚效应、技术溢出效应等促进国内服务业发展规模扩大和水平层次的提高才是依托制造业服务化促进制造业攀升全球价值链的可行路径，更是一种创新性路径。本书基于中国经验数据的计量研究也发现，服务贸易自由化确实能够带动国内服务业规模扩张，以及以服务业劳动生产率和服务出口技术复杂度等为表现的服务业发展质量和层次的提升。因此，扩大我国服务业对外开放要注重开放时序、选择好开放路径的重点部门和重点领域，在开放的具体形式上要走多管齐下的发展路径，循序渐进地促进我国关联度相对较高的服务业尤其是高级生产性服务业发展，能够更加有效地倒逼改革，从而促进我国服务业尤其是高级生产性服务业发展的服务业部开放，应该是开放条件下，依托制造业服务化促进制造业攀升全球价值链的可行性和创新性路径。

总之，在包括服务业在内的全球价值链新型国际分工体系下，我们既不能采取封闭式的做法，通过贸易保护将制造业服务化的发展路径完全锁定在依托国内服务投入的发展道路上，也要警惕大力推进服务业对外开放过程中，制造业服务化可能对国外服务投入来源的过度依赖，从而再度陷入低端锁定和比较优势陷阱。正确且最优的发展路径是，抓住当前服务业全球化和碎片化的发展机遇，在快速融入全球服务业国际分工体系中，实现对国内服务业发展尤其是生产性服务业高端化发展产生强有力的反向拉动作用，为制造业服务化的国内服务投入提升奠定坚实的民族产业基础。

目 录

第一章 导论 ·· 1

 第一节 研究背景与意义 ··· 1
 第二节 相关研究述评 ·· 3
 第三节 研究思路、框架和内容 ······································ 11

第二章 服务业全球价值链的分工演进、特征及影响 ············· 16

 第一节 分工演进与服务业全球价值链 ·························· 17
 第二节 服务业全球价值链分工的实质 ·························· 21
 第三节 服务业全球价值链分工的基本特征 ·················· 24
 第四节 服务业全球价值链分工的典型表现 ·················· 27
 第五节 服务业全球价值链分工发展及其影响 ·············· 32

第三章 全球价值链上中国制造业的分工地位初步考察 ········ 37

 第一节 全球价值链与产业分工地位的已有观点评述 ···· 38
 第二节 基于上游度分工地位指数的考察 ······················ 41
 第三节 基于 Koopman 分工地位指数的考察 ················ 53
 第四节 简要结论及启示 ·· 63

第四章 制造业服务化与价值链攀升的传统理论阐释及其修正 ··· 65

 第一节 传统理论及其阐释 ·· 65
 第二节 新国际分工下传统理论的局限性 ······················ 70
 第三节 传统理论的修正 ·· 73

第五章　实证检验Ⅰ：基于跨国面板数据的经验证据 …………… 76
　　第一节　关键指标测度及初步观察 ………………………………… 76
　　第二节　变量选取、模型设定与数据说明 ………………………… 83
　　第三节　实证结果分析 ……………………………………………… 87
　　第四节　结论及启示 ………………………………………………… 101

第六章　实证检验Ⅱ：基于中国行业面板数据的经验证据 …………… 103
　　第一节　特征事实 …………………………………………………… 103
　　第二节　变量选取、模型设定及数据说明 ………………………… 106
　　第三节　实证结果及分析 …………………………………………… 109
　　第四节　结论性评述及启示 ………………………………………… 121

第七章　中国制造业服务化的国际比较及影响因素 …………………… 123
　　第一节　中国制造业服务化的国际比较 …………………………… 123
　　第二节　制造业服务化影响因素的计量分析 ……………………… 135
　　第三节　结论及启示 ………………………………………………… 142

第八章　基于全球价值链攀升的中国制造业服务化发展路径 ………… 145
　　第一节　服务贸易自由化与服务业发展 …………………………… 146
　　第二节　服务贸易自由化与服务业发展质量提升 ………………… 156
　　第三节　开放条件下制造业服务化的路径优化 …………………… 168

第一章 导论

第一节 研究背景与意义

一、研究背景

改革开放以来,中国抓住了经济全球化发展的重要战略机遇,依托人口红利等传统低成本优势,快速而深度地融入全球价值链分工体系中,实现了制造业产业开阔式的推进。改革开放初期,中国制造业出口占国际市场的份额不足1%。经过几十年的发展,尤其是自加入世界贸易组织以来中国制造业出口规模获得了快速扩张,目前在国际市场上的份额已经达到了约13.9%。从既有的国际经验来看,这一比重已经超过了"二战"之后德国和日本曾经达到过的最好历史水平,与美国所达到的最高历史水平也基本接近。有学者将这一发展模式称为中国制造业的平推化发展。[①] 但与此同时出现的问题是,一方面,受制于要素禀赋等现实条件约束,中国参与全球价值链分工只能采取低端切入的方式,走出去的是一条血拼式竞争发展道路;另一方面,中国前一轮开放主要发生在制造业领域,服务业开放相对不足,产业领域的全球化发展道路具有单兵突进的特点。因此,在以积极和开放的姿态接受发达国家技术和产业国际转移和扩散过程中,中国虽然获

---

① 金碚. 工业的使命和价值——中国产业转型升级的理论逻辑[J]. 中国工业经济,2014(9):51-64.

得了制造业的长足发展,但低端切入和血拼式的粗放型发展模式也带来了不平衡、不协调和不可持续等问题,更面临着被学术界一直担忧的所谓低端锁定问题。正因如此,学术界和实际工作部门普遍认为,当前中国制造业出口已经触及到了天花板,进一步扩张的空间极其有限。实际上,中国制造业出口即将或已经面临天花板约束,不仅是基于既有国际经验判断得出,内外环境的深刻变化同时也对制造业出口规模进一步扩展产生了严重的制约作用。从外部环境看,一方面,全球经济增速放缓导致国际市场需求不足;另一方面,全球贸易保护主义抬头尤其是当前逆全球化思潮日益兴起,成为制造业出口规模进一步扩张的重要外部约束。从内部环境看,中国各种生产要素成本进入集中上升期,传统低成本优势的不断丧失导致制造业出口的传统竞争力遭遇瓶颈。近年来,中国制造业出口表现出的乏力现象乃至出现的负增长,一定程度上可以说正是对上述情境约束的实践反映。在外贸是驱动经济增长一支重要力量的共识下,制造业出口增长空间受阻,必然意味着其对经济发展的作用和贡献将随之下降。目前,虽然中国已经成为全球制造业第一大国,但伴随着当前全球经济进入深度调整期,以及国内各类生产要素价格进入集中上升期,上述问题愈发突出。大而不强的成长中烦恼也日益成为困扰中国制造业发展的焦点问题。在此背景下,加快推进中国制造业发展转型升级的必要性和紧迫性,已成自上而下的共识,而从开放发展的角度看,就是要尽快实现全球价值链的攀升。

二、研究意义

毋庸置疑,影响全球价值链攀升的因素和机制众多,其中被学术界较为普遍接受的一个重要作用机制就是制造业服务化发展。全球产业结构不断向服务倾斜的软化发展趋势,尤其是发达经济体服务业特别是生产性服务业占比不断提升,可能正是发达国家占据全球价值链高端的重要因素。针对制造业服务化对全球价值链攀升的可能作用机制和影响,最早可追溯到加拿大经济学家 Grubel 和 Walker 的经典论述,即生产者服务业是把社会中日益专业化的人力资本等高级生产要素导入生产制造过程的飞轮,它在很大程度上构成了高端生产要素进入生产过程的通道。① 后来日本学者并木信义的研究也指出，虽然国际竞争的舞台中相互角逐的是制成品，但服务业却在背后间接地规定着制造业产业的国际竞争力。② 上述论述在后来的相关实证研究中得到了进一步佐证。从服务的中间投入属性看，将上述论断和经验结果运用到全球价值链分析中，所能推演的一个必然命题假说就是制造业服务化对价值链攀升具有决定性作用，针对其中的作用机理，国内学者刘志彪曾做出过精彩的逻辑推理和归纳。③

然而，由于价值链升级以及制造业服务化测度问题，完美的理论逻辑依然停留在假说层面，针对制造业服务化对价值链升级影响的实证研究还较为鲜见。更为重要的是，在全球价值链分工条件下，价值链的分布和拓展不仅表现在制造业领域，同样也存在于服务业领域，因而作为中间投入的服务，不仅来自于国内也可能来自于国外。正如有研究指出，在全球价值链不断深化和拓展条件下，服务碎片化和全球化作为其重要表现和结果之一，发展趋势日益明显。④ 基于上述意义，从目前制造业全球价值链的分布格局看，如果说发达国家的主导地位正是源自于其发达的生产者服务业的话，那么依托来自国外服务投入实现制造业服务化，显然不同于依托来自国内服务投入实现的制造业服务化。因此，包括服务业价值链分工条件下的制造业服务化对制造业价值链攀升究竟具有怎样的影响，是一个需要从理论和实证层面给予解答的重要课题。这也是据此探寻制造业服务化促进制造业攀升全球价值链发展路径的重要前提。

第二节　相关研究述评

本书的研究涉及两个方面的关键问题：一是制造业服务化的问题，二是制造

---

① H G Grubel, M A Walker. Service Industry Growth: Causes and Effects [M]. Fraser Institute, 1989.
② [日] 并木信义. 瑕瑜互见：日美产业比较 [M]. 唱新, 刁永祚译. 北京：中国财政经济出版社, 1990.
③ 刘志彪. 生产者服务业及其集聚：攀升全球价值链的关键要素与实现机制 [J]. 中国经济问题, 2008 (1)：3 - 12.
④ 戴翔. 服务业"两化"趋势与我国服务出口复杂度的提升战略 [J]. 国际贸易, 2015 (5)：60 - 66.

业攀升全球价值链的问题。因此，以下的文献综述主要围绕这两个方面所形成的三支文献展开讨论，即制造业服务化理论及测算研究、制造业攀升全球价值链影响因素研究以及从制造业服务化角度探讨的制造业攀升全球价值链问题的现有研究。

一、制造业服务化理论及测算研究

自 Vandermerwe 和 Rada 提出制造业服务化概念以来[1]，多年间其内涵在学术研究中不断被扩展，致使对服务化概念的理解呈现出明显的多元化趋势。按照最初的理解，制造业服务化是指企业以客户为中心，为了能够更好地满足客户需要，不仅要向客户提供产品，与此同时还要提供与产品相关的支持、知识和服务等一系列产品包。在此基础上，之后的学者对制造业服务化概念进行了拓展。比如，有些学者研究认为，所谓的制造业服务化，从资源配置角度看，其实质就是制造产业的资源逐步向服务业领域流动，即原有制造业企业将更多的资源配置到服务领域进行业务探索，进而使得制造商逐步蜕变为服务商的变化过程。[2] 然而，这种发展变化与其说是制造业的服务化，不如说是产业领域的转行和转产，本质上已经脱离了有形产品和无形服务互补融合的发展轨迹。与上述代表性观点和认识不同的是，更多学者认为制造业服务化的核心要义仍然是通过提供产品和服务的"束"，并且企业保留产品的产权而不转让的一种新经济范式。[3][4] 国内学者周大鹏（2010）则从微观、中观和宏观三个层面上的不同表现对制造业服务化问题进行了界定。其主要观点认为，制造业服务化其实就是制造业生产活动过程中服务因素占比不断增加的过程；从微观上看，企业可以通过增加服务这种高端

---

[1] Vandermerwe S, Rada J. Servitization of Business: Adding Value by Adding Services [J]. European Management Journal, 1988, 6 (4): 314–324.

[2] Acemoglu D, Guerrieri V. Capital Deepening and Nonbalanced Economic Growth [J]. Journal of Political Economy, 2008, 116 (3): 467–498.

[3] Toffel M W. Contracting for Servising [D]. Hass School of Business University of California Berkeley Working Papers, 2002.

[4] Baines T, Lightfoot H, Benedettini O, Kay J. The Servitization of Manufacturing: A Review of Literature and Rejection on Future Challenges [J]. Journal of Manufacturing Technology Management, 2009, 20 (5): 547–567.

要素的投入，从而形成异质性更强的产品供给，以满足差异性的市场需求偏好；从产业层面上看，伴随着要素投入质量的不断提升，表现出的是制造业价值链升级和产业结构优化①；从宏观层面上看，其实质是知识经济发展的产物。徐振鑫等则在借鉴有形产品与无形服务互补融合发展的基本假定基础上，从产业形态升级的角度对服务业概念进行界定，即所谓的制造业服务化主要是指得益于现代信息技术和数字技术的快速发展，制造企业从以往的单纯产品制造，向以实体产品为载体的融合产品生产和数据智能为一体的高级业态的转型过程。② 由此可见，理论上对制造业服务化问题的界定可以有不同的角度，学者们往往根据不同的理解或者不同的研究需要，进行相应的界定。不论如何界定，制造业服务化都不可能完全脱离制造业这一本质，否则也就不存在所谓的制造业服务化问题了。

至于制造业服务化的测度问题，目前学术界少量的研究主要从微观和产业中观两个层面进行测度。企业层面上的测度主要依托于大量的微观企业样本，通过构建大量优质的企业数据，利用收集的企业财务数据，构建以制造企业服务性收入或者服务产品销售额，作为制造业企业服务化的替代测度指标。基于微观企业层面的测度方法，虽然能从企业角度研究制造业服务化问题，但就测度指标本身而言，仍然面临着较大的局限性，因为以企业服务性收入或者服务产品销售额作为制造业服务化程度显然有失偏颇，上述指标值的变动完全有可能是源于企业转产的结果，因此本质上与制造业服务化无关。相对于企业微观数据，产业层面上的统计数据相对完备且较易于获取，其测度方法略显丰富多样。就现有文献来看，代表性的测度方法主要包括社会网络分析方法③、赫芬达尔指数法（HHI）④以及投入产出表法（顾乃华等，2010；Matthieu 等，2015；刘斌等，2016）等。尤其是利用投入产出法，更能将制造业生产和服务投入联系在一起，因而能够更为恰当地体现制造业服务化问题。目前基于投入产出表测算的少量研究文献，一

---

① 周大鹏. 制造业服务化研究、成因、机理与效应 [D]. 上海：上海社会科学院，2010：36 - 48.
② 徐振鑫，莫长炜，陈其林. 制造业服务化：我国制造业升级的一个现实性选择 [J]. 经济学家，2016（9）：59 - 67.
③ James A Danowski, Jun Ho Choi. Convergence in the Information Industries: Telecommunications, Broadcasting, and Data Processing [M]. Progress in Communication Science, Alex Publishing Corporation, 1998.
④ Gambardella A, Torrisi S. Does Technological Convergence Imply Convergence in Markets? Evidence from the Electronics Industry [J]. Research Policy, 1998 (27): 129 - 149.

方面基本上采用的是直接消耗系数法①②，因此在一定程度上影响着测算结果准确性；另一方面测算结果仅仅停留在产业层面分析，并没有专门针对制造业出口的分析。从制造业出口内含服务增加值角度进行的研究，国内学者程大中（2015）和戴翔（2016）进行了创新性尝试，也得出了一些具有启发性的结论。但综观上述两篇研究文献可以发现，虽然戴翔的研究中对中国制造业出口内含服务进行了详细的分解和因素分析，但并没有对中国制造业出口内含服务增加值的情况与其他国家进行横向比较，此外，其使用的世界投入产出数据依然是1995～2011年的数据，从研究的时效性角度来看，数据相对陈旧，对新趋势新情况的揭示显然不够。程大中（2015）的研究对中国制造业出口内含的服务投入细分到每一个部门，从投入到产出去向进行详细的国家间分解比对，但是他的研究主要是介绍服务中间品的投入来源等状况，并没有对中国制造业投入服务化发展方向可能带来的影响做出直接判断，即中国当前的制造业服务化进程到底是趋利还是趋弊，与此同时，该研究所使用的数据也过于陈旧，未能把握中国制造业服务投入的最新动向。

二、制造业攀升全球价值链影响因素的研究

制造业在攀升全球价值链的升级过程中，将会受到众多因素的制约与影响。李善同和高传胜（2008）认为，制造业攀升全球价值链的升级制约因素不仅是多方面、多层次的，而且是不断变化的。综合起来看，其中包括人员素质、专业水平、敬业精神和个人偏好等的因素，包括资金实力、技术能力、管理能力、营销能力和组织创新能力等能力因素，还包括制造业发展的基础、发展战略、体制机制等历史和环境因素，等等。杨高举和黄先海（2013）突破已有研究只关注外部因素对后发国分工地位攀升全球价值链的升级作用的窠臼，重点探讨了一国的技术进步、人力资本和物质资本积累等内部因素，对其分工地位攀升全球价值链升级的推动作用。他们还强调，中国要实现国际分工地位的提升，进而推动产业攀

---

① 徐盈之，孙剑．信息产业与制造业的融合——基于绩效分析的研究［J］．中国工业经济，2009，26（7）：56-66．
② 黄群慧，霍景东．全球制造业服务化水平及其影响因素——基于国际投入产出数据的实证分析［J］．经济管理，2014（1）：1-11．

升全球价值链的升级，除了要转变依赖外部因素的理念（如市场换技术），更应关注内部因素如技术进步和要素提升等的作用，还要推动要素的市场化配置，以提高利用效率。

制造业的攀升全球价值链的升级是个系统化的过程，首先，要素禀赋结构发挥着决定性的作用。Lin 和 Chang（2009）指出，发展中国家的产业攀升全球价值链的升级，必须与反映物质人力资本积累和要素禀赋结构变化的比较优势变化相一致，唯有如此，才能确保新产业中的企业具备自生能力。并且，产业攀升全球价值链的升级和发展的速度取决于要素禀赋结构提升的速度，同时还取决于基础设置是否做出相应改进（林毅夫，2010）。巴曙松和郑军（2012）认为，在禀赋结构引发产业结构和资源配置的过程中，不同要素禀赋的相对价格变动发挥着关键作用，而产业攀升全球价值链升级的决定因素则为要素禀赋结构和要素相对价格变动、硬性和软性基础设施和技术追赶的空间三条"支柱"。其次，还深受国内需求市场的影响。内需市场是产业竞争优势的关键要素，其借着对规模经济的影响力而提高了效率，更为重要的是它刺激企业改进和创新，驱动了产业发展（Poter，1990）。本土市场与规模经济的影响力既为代工企业避免"市场隔层陷阱"，获取市场能力提供可能，也为代工企业的技术创新与提升研发能力提供规模效应的诱因，并引致本土代工企业与 OBM 国际品牌厂商之间的参与式合作。这在诱导代工企业发展技术能力的同时，也为全球代工体系内部本土产业攀升全球价值链的升级提供了新的比较优势（张国胜，2010）。徐康宁和冯伟（2010）也指出，借助于本土市场规模所能产生的收益，通过与掌握国际先进技术的外国公司的合作，中国企业可以在较短的时间内形成自身的创新能力，实现技术创新的目标，突破产业攀升全球价值链升级的技术障碍。再次，生产者服务的作用至关重要。生产者服务是制造业发展转型与攀升全球价值链升级的重要支撑。因为它能够通过降低交易成本、促进专业化分工深化和泛化、促进人力资本和知识资本深化、增强产业竞争优势等多种途径与方式支撑制造业的发展（高传胜，2008）。Eswaran 和 Kotwal（2002）、顾乃华（2010）等的研究也证实了生产性服务对制造业的促进作用。最后，其他因素的影响也不容忽视。例如，利用外资与制造业的效率攀升全球价值链的升级（江小涓，2002；Petr Pavlínek 等，2009；Muller，2010）；对外投资与制造业的技术攀升全球价值链的升级（Slaughter，2000；Hansson，2005；赵伟和江东，2010）；对外贸易与制造业攀升全球价值链的升级（Gereffi，1999；Feenstra，2004；李荣林和姜茜，2010）；等等。

三、制造业服务化与价值链攀升的研究

针对攀升全球价值链影响因素的研究文献可谓浩如烟海，但是针对制造业服务化影响价值链升级的直接研究还比较鲜见。综合来看，聚焦于生产者服务业与制造业国际竞争力之间关系的研究以及制造业服务化对企业绩效影响的研究所取得的丰富成果，对本书具有一定的启发意义。

关于生产者服务业与制造业国际竞争力之间的关系，自格鲁伯和沃克（1989）提出上述重要观点之后，后来学者在此基础上进行了进一步的理论拓展和实证检验。除上文述及的经典文献外，国内学者江静等[①]在深度剖析生产者服务业对制造业效率提升作用机理基础上，运用中国地区层面以及细分行业层面的面板数据，对文章中的理论假说进行了实证检验，回归结果表明，无论是从区域层面看还是从细分行业层面看，生产者服务化发展对制造业效率进而国际竞争力的提升，都有显著的促进作用。高觉民和李晓慧在阐述生产者服务业和制造业互动发展机理的基础上，采用中国省际面板数据的联立方程组模型估计结果表明，生产性服务业的发展促进了制造业的增长，对提升制造业国际竞争力具有极为关键的作用。[②] 类似的文献如顾乃华等[③]、黄永春等[④]的研究均得出了较为一致的结论和观点。谭洪波从生产者服务业和制造业空间集聚关系角度的研究，同样揭示了作为制造业中间投入品的生产者服务业在地理空间上的集聚，由于对制造业效率水平和国际竞争力提升具有显著积极作用，因而对相关制造业在邻近空间上的集聚产生巨大虹吸效应。[⑤] 与基于整体产业层面关系考查不同，张琴等着重对科

---

① 江静，刘志彪，于明超. 生产者服务业发展与制造业效率提升：基于地区和行业面板数据的经验分析 [J]. 世界经济，2007 (8)：52 - 62.
② 高觉民，李晓慧. 生产性服务业与制造业的互动机理：理论与实证 [J]. 中国工业经济，2011 (6)：151 - 160.
③ 顾乃华，毕斗斗，任旺兵. 中国转型期生产性服务业发展与制造业竞争力关系研究——基于面板数据的实证分析 [J]. 中国工业经济，2006 (9)：14 - 21.
④ 黄永春，郑江淮，杨以文，祝吕静. 中国"去工业化"与美国"再工业化"冲突之谜解析——来自服务业与制造业交互外部性的分析 [J]. 中国工业经济，2013 (3)：7 - 19.
⑤ 谭洪波. 生产者服务业与制造业的空间集聚：基于贸易成本的研究 [J]. 世界经济，2015 (3)：171 - 192.

技服务业集聚促进制造业升级的机理和实际效应进行了研究，结果表明科技服务业集聚对制造业升级具有正向推动作用。① 相比于产业层面关系的分析，周大鹏进一步实证考察了服务中间投入对总产出的影响，结果表明，通过制造业服务化进程可以使一国产业实现从低端向高端升级。②

关于制造业服务化影响企业绩效的研究，目前学术界的观点和研究结论尚未达成一致认识，甚至存在较大分歧。一部分研究认为，制造业服务化对提升企业绩效水平具有积极作用。比如，Vandermerwe 和 Rada（1988）的研究认为，企业增加研发创新等服务要素的投入，有利于提升产品品质和增强企业竞争优势，进而有助于实现价值链攀升；Robinson 等进行的一项实证研究同样发现，在大多数制造业行业中，增加服务尤其是创新性服务要素的投入，不仅有助于提升企业生产的产品质量水平，而且有助于企业开发新产品，强化企业的异质性特征，从而提高企业竞争力和附加值创造能力③；类似地，Shepotylo（2013）采用乌克兰企业的微观层面数据④，以利润回报率作为企业绩效的替代变量，经验研究结果表明，企业服务创新水平提高有利于提升企业获得高利润回报的能力。与上述研究发现不同，还有一部分研究认为，制造业服务化促进企业绩效提升的积极作用并不存在，甚至存在负面影响。例如，Benedettini 等同样以企业所获利润水平为经营绩效的替代变量，在有效控制企业年龄以及规模等变量之后，实证结果表明，企业提供的服务产品种类与企业最终获得的总体利润水平之间呈现显著的负相关性⑤；国内学者肖挺等从细分行业的角度进一步研究了制造业企业服务化与经营绩效之间的关系，结果发现两者在不同的行业表现不一，有些行业呈现 U 形特征，有些行业则不存在显著相关性，而且即便是前者，不同行业的 U 形特征也存

---

① 张琴，赵丙奇，郑旭. 科技服务业集聚与制造业升级：机理与实证检验 [J]. 管理世界，2015（11）：178 – 179.

② 周大鹏. 制造业服务化对产业转型升级的影响 [J]. 世界经济研究，2013（9）：17 – 22.

③ Robinson T, C M Clarke – Hill, R Clarkson. Differentiation through Service：A Perspective from the Commodity Chemicals Sector [J]. Service Industries Journal, 2002, 22 (3)：149 – 166.

④ Shepotylo, Vakhitov. Services Liberalization and Productivity of Manufacturing Firms：Evidence from Ukrains [D]. World Bank Working Paper, No. 5944, 2013.

⑤ Benedettini O., Swink M., Neely A. Firm's Characteristics and Servitization Performance：A Bankruptcy Perspective [R]. University of Cambridge, Cambridge Service Alliance Working Paper, 2013.

在着较大差异性①。

毋庸置疑，上述文献对于我们认识制造业服务化对价值链攀升的影响具有一定的启发意义，但无论是基于产业层面竞争力研究，还是基于企业微观层面的绩效研究，均没有直接涉及价值链攀升问题。与此同时，前者基于生产性服务业发展角度的研究，显然不能等同于制造业服务化本身，更无法揭示不同制造业服务化水平的差异性；后者对制造业服务化的测度，由于研究视角和方法不同而存在较大差异，并且有些间接测度方法根本无法反映制造业服务化的真实水平，比如企业提供的服务产品种类既可能与制造有相关性，也可能无相关性，因此简单采用服务产品提供种类或营业额等略显粗糙，研究结论的可靠性也会大打折扣。与本题最为密切相关、对制造业服务化影响企业价值链升级可谓开创性研究的是刘斌等的一篇文献，其运用投入产出表、中国工业企业数据和海关进出口企业数据等合并数据，实证研究发现，制造业服务化不仅影响了企业价值链参与度，而且促进了企业价值链升级。② 该篇文献属于从企业微观层面的研究，但其中关键变量采用行业层面数据对接，难以掩盖企业异质性特征，从而影响研究结论，并且，该文对制造业服务化的测度也没有充分考虑全球价值链分工条件下的服务来源国别差异问题。

四、本书研究的创新与贡献

鉴于上述文献分析，本书从服务业全球化和碎片化这一新型国际分工特征事实出发，通过对制造业服务化促进价值链攀升的传统理论进行修正，并形成新型国际分工条件下的理论假说。以此理论假说为先导，以投入法衡量制造业服务化水平，运用世界投入产出数据库（WIOD）发布的最新基础数据，借鉴最新方法测算44个国家（地区）在2000~2014年全球价值链分工地位指数和制造业服务化水平指数，以及中国行业层面上的相关数据，并进一步区分制造业服务化的国内外服务投入来源结构差异，据此采用跨国面板数据和国内行业面板数据，对制

---

① 肖挺，聂群华，刘华. 制造业分行业服务化对企业绩效影响的检验研究——基于我国企业的经验证据［J］. 科学学与科学技术管理，2014（4）：154 - 162.

② 刘斌，魏倩，吕越，祝坤福. 制造业服务化与价值链升级［J］. 经济研究，2016（3）：151 - 162.

造业服务化是否促进价值链升级进行实证检验。在此基础上，进一步计量分析了开放条件下制造业服务化的影响因素。

与现有文献相比，本书的可能贡献在于：第一，从生产过程的要素投入角度对制造业服务化进行理解和测度，即采取完全系数法测度制造业产出（出口）中的服务投入，以作为制造业服务化的测度指标；第二，从整体层面和不同要素密集度的细分行业层面，对中国制造业内含服务增加值与主要国家进行国际比较，以此明晰中国制造业出口内含服务增加值的现状、趋势及发展空间；第三，制造业服务化的测度充分考虑全球价值链分工条件下服务投入来源问题，以区别国内外不同服务投入来源导致的制造业服务化水平提升，对价值链升级是否具有影响上的差异性；第四，在实证中同时采用目前使用较为普遍的价值链分工地位三种测度方法，以进行综合比较分析，所得结果更加稳健和可靠。

第三节 研究思路、框架和内容

一、研究思路

思路上，本书大体遵循提出问题、分析问题和解决问题的逻辑思路开展。具体来说，因本书的研究旨在从包括服务业领域在内的全球价值链新型国际分工特征事实出发，探寻中国制造业服务化投入的最新状况及趋势，并判断服务化对全球价值链分工地位的影响。为了更好地解决这些问题，第一步，本书对全球价值链分工演进尤其是服务业全球价值链分工演进、特征及其影响进行简要分析，并对制造业在全球价值链分工中的地位进行初步探讨。第二步，由于制造业服务化对制造业全球价值链攀升的传统理论解释，主要是在服务业封闭发展假定条件下得出的，也就是说，在服务业只能局限于一国国内发展的格局和条件下，制造业服务化发展所依托的服务业要素投入只能依托一国国内服务业提供，不存在国外服务要素投入问题。然而，这一假定与现实国际分工演进趋势和事实显然不吻合。因此，本书接下来从新型国际分工特征事实角度出发，指出传统理论阐释面临的局限性并进行必要的理论修正,从服务投入来源国的不同,提出制造业服务化发展路径不同,可能对制造业攀升全球价值链的影响不同。第三步,以理论修正中所形成的命题假说为理论先导,分别采用跨国面板数据和中国行业面板数据,对理论修正中所形成的命题假说进行逻辑一致性计量检验。第四步,在前述研究基础上,我们进一步测算了 WIOD 数据库中其他国家和地区的制造业服务化水平,并据此进行了国家比较:一方面,以此明晰中国制造业服务化水平的现实状况及其可能的演进潜力;另一方面,通过计量研究探讨影响制造业服务化的影响因素,从而为中国制造业服务化发展的优化路径提供必要的经验数据支撑。第五步,在现状分析、理论剖析、实证检验等基础之上,本书从中国制造业攀升全球价值链的现实需求出发,提出如何在顺应全球服务贸易自由化大趋势的前提下,在不断扩大服务业对外开放中科学施策,以夯实制造业服务化发展的本国服务业产业基础,走出一条制造业服务业促进价值链攀升切实有效和可行的发展路径。

二、研究框架

本书的研究框架如图 1-1 所示。

三、研究内容

本书拟研究如下六个方面的内容:

第一,服务业全球价值链的分工演进、特征及影响。这一部分是本书研究的出发点。通过对分工演进的理论探讨,明晰当前全球价值链分工向服务业领域拓展和蔓延的本质及其特征,并对当前服务业全球化和碎片化现象进行描述性分析,在此基础上,提出全球价值链分工向服务业领域拓展和蔓延可能产生的影响。尤其是对制造业服务化发展路径的影响,以及由此可能引起的制造业服务化对制造业攀升全球价值链现实效应的改变。

第二,全球价值链上的中国制造业国际分工地位考察。全球价值链分工条件下,不同分工位置往往意味着不同收益分配以及不同的产业发展前景和潜力。对于已经深度融入全球价值链分工体系的中国产业尤其是制造业而言,究竟处于什

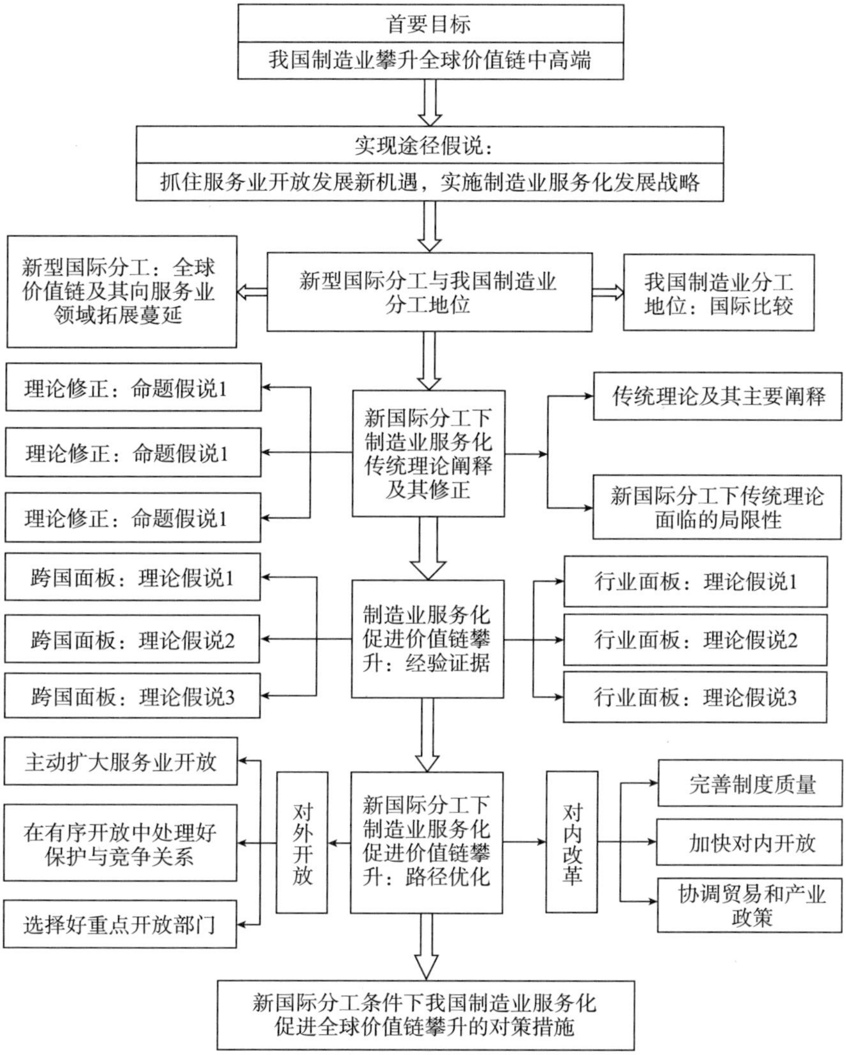

图 1-1 本书的研究框架

么样的位置？具有怎样的变化趋势？与其他各主要国家相比其状况如何？对于这些问题的回答，不仅是客观评价和正确认识中国产业尤其是制造业发展的需要，也是据此探寻中国产业尤其是制造业结构进一步调整发展方向的需要。据此，本书综合考虑物理定位和经济定位的双重影响，在对现有测度上游度指标方法进行改进的基础上，利用世界投入产出数据库的基础数据，测算了行业上游度和出口上游度等指标,并结合出口国内附加值率,对中国产业尤其是制造业的全球价值链分工地位演进趋势进行分解分析和国际比较。

第三,制造业服务化促进全球价值链攀升的传统理论阐释及其修正。如果制造业附加值增值能力和全球价值链分工地位由服务投入决定的话,那么当全球价值链分工拓展深化至服务业领域时,由于制造业服务化的服务投入具有全球性特征,从而对制造业价值链分工地位产生影响,也将有别于传统条件下制造业服务化的服务投入。通过对传统理论阐释的修正,本书提出了三个有待计量验证的理论假说。

理论假说1:不区分服务投入来源的国别结构,笼统地考虑制造业服务化对制造业全球价值链分工地位的影响具有不确定性,制造业服务化程度的提高未必就会逻辑地带动制造业全球价值链分工地位的相应上升;

理论假说2:依托于国外服务投入增加的制造业服务化,对本国制造业全球价值链分工地位的影响具有消极性,制造业服务化程度的提高反而会抑制制造业全球价值链分工地位的提升;

理论假说3:基于国内服务投入增加的制造业服务化,对本国制造业全球价值链分工地位具有积极影响,制造业服务化程度的提高会带动制造业全球价值链分工地位的相应提升。

第四,制造业服务化促进全球价值链攀升的经验证据。以理论分析中形成的命题假说为先导,进一步利用跨国面板数据和中国行业面板数据,对理论假说进行逻辑一致性计量检验。无论是基于跨国面板数据的计量分析,还是基于中国行业面板数据的计量分析,结果均发现:①在不区分服务投入的国内外来源结构差异、笼统地从整体层面上测算制造业服务化时,其对制造业攀升全球价值链的影响效应并不确定。②仅从国内服务投入角度看,据此测度的制造业服务化水平的提升,对制造业攀升全球价值链具有显著的积极促进作用。③仅从国外服务投入角度看,据此测度的制造业服务化水平的提升,对制造业攀升全球价值链具有显著的抑制作用。理论修正中的命题假说得到了较好的逻辑一致性计量检验。

第五,中国制造业服务化的国际比较及影响因素。实际上,适宜的制造业服务化发展不仅是促进价值链攀升的有效路径,也是实现出口真实增长的有效路径。当前中国制造业不仅面临着攀升全球价值链中高端的转型升级迫切需求,也面临着出口增长的天花板约束现象。因此,通过有效和科学的对策举措推进制造业服务化发展，不仅在量上能够稳定中国制造业出口增长，而且在质上能够提升中国制造业在全球价值链的分工地位。鉴于此，本书对中国制造业服务化进行国际比较，以此明晰中国制造业服务化发展所处的现实阶段以及可能存在的进步空间。在此基础上，将进一步采用计量方法揭示影响制造业服务化的可能因素，为制造业服务化探寻优化发展路径提供一定的经验支撑。

第六，基于全球价值链攀升中国制造业服务化发展路径。在服务贸易自由化的大势所趋下，服务进口包括生产性服务进口的扩大，必将导致进口服务要素进入生产制造领域的成分不断提高。因此，在这一背景下，从制造业服务化发展角度看，如何才能提升国内服务要素投入比重，影响着制造业攀升全球价值链中高端。扩大服务业开放虽然可能会增加制造业生产过程中的国外服务要素进口，但与此同时也可能反向拉动国内服务业发展，从而进一步夯实制造业服务化的国内服务要素供给基础。所以，从这一意义上说，前述各部分的研究结论，并不会成为否定中国加快推进服务业开放的理论依据和现实意义，而是引发我们思考如何通过服务业开放反向拉动国内服务业尤其是高端服务业发展，从而夯实制造业服务化的国内服务投入来源的产业根基。为此，本书在理论和计量识别扩大服务业开放或者服务贸易自由化对服务业反向拉动作用现实效应的基础上，提出扩大服务业开放的对策举措，从而从制造业攀升全球价值链的现实需求出发，提出中国制造业服务化发展的优化路径对策。

第二章　服务业全球价值链的分工演进、特征及影响

20世纪90年代以来，经济全球化的深入发展使得国际贸易的功能、目的及结构发生了巨大的变化，这突出表现为生产要素尤其是资本要素的跨国流动不断增强，以及全球中间产品贸易（服务提供流程）的迅猛发展。与此同时，国际贸易商品中传统意义上的美国制造、日本制造、中国制造等产品几乎不存在，大部分贸易参与国不再是仅仅出口最终产品或完全由本国生产的产品，转而专注于与其禀赋优势相关的生产过程中部分特定阶段，并通过国际贸易实现生产链（价值链）的国际衔接。事实上，这种变化不仅发生在制成品领域，服务业领域也存在着同样的变化趋势。例如，《2012年世界投资报告》指出，近年来全球FDI的一个最重要特征就是从制造业转向服务业，其中2012年进入中国服务业的FDI首次超过了制造业，成为FDI最大流入产业领域，而从服务业价值链分解来看，以技术性知识流程外包（Knowledge Process Outsourcing，KPO）、业务流程外包（Business Process Outsourcing，BPO）以及信息技术外包（Information Technology Outsourcing，ITO）等为典型表现的服务业全球价值链分解，每年正以30%~40%的速度递增，并成为全球服务贸易增长的引擎。由上述变化形势可见，最终产品（服务）的生产通常不再由任何一个国家独立完成，世界制造（Made in the World）成为当代国际贸易商品的本质特征。对于这些全球化和国际贸易中的新变化，学术界赋予不同的名称，如价值链切片（Slicing the Value Chain）、地点分散化（Delocalization）、垂直专业化（Vertical Specializing）、产品内分工（Intra-product Specialization）、中间品贸易（Intra-mediate Trade）以及片段化生产（Fragmentation）等。尽管上述名称不同，但都旨在描述一个共同现象，那就是国际贸易在连接生产和消费跨国分离的同时，不断实现着产品和服务生产（提供）过程自身的跨国分离，国际分工的基本层面已经从产品间深入到产品生产和

服务提供环节。

第一节 分工演进与服务业全球价值链

按照马克思主义经济学的基本观点和方法，当前国际分工的新形式——价值链分工，在服务业上表现为全球价值链生产，从本质上讲，是国际分工不断深化的结果。因此，要从根本上理解服务业全球价值链生产，就离不开对分工的理解以及国际分工演进趋势的把握。

一、分工与专业化及其演进

分工和专业化是两个须臾不可分离的概念，有分工就有专业化，有专业化就有分工，只不过专业化是针对个人而言，而分工则是指多个劳动者之间的专业化协作关系。在经济学家那里，分工和专业化是一个古老而又没有太多争议的话题之一。亚当·斯密的代表作《国富论》开篇就指出："劳动生产力上最大的增进，以及运用劳动所表现出的更大的熟练、技巧和判断力，似乎都是分工的结果。" 200多年前的这一精辟论述，至今仍为当代经济理论研究指明方向。西方经济学在研究分工时，多将分工视为既定事实，偏重于分工的效益、产品和零部件的分工、地域分工、科层组织和市场分工方面，强调分工和专业化所带来的节约以及对生产力进步的意义。马克思主义经济学则精辟地论述了分工演进的决定问题，认为以劳动工具为代表的生产力的发展，推动了分工的产生和发展，决定了分工的深度和广度。马克思强调职能的分工——"如果说工人的天赋特性是分工赖以生长的基础，那么工场手工业一经建立，就会使生来只适宜从事片面的特殊职能的劳动力发展起来"，并指出"工具集聚发展了，分工随之发展，并且反过来也一样。正因为这样，机械方面的每一次重大发展都使分工加剧，而每一次分工的加剧也同样引起机械方面的新发明"。亚当·斯密认为"分工受限于市场范围"，而 Ally Young（1928）的研究则进一步指出，不但市场规模决定分工程度，反过来市场规模也被分工的演进所制约，同时指出市场规模不仅由人口规模而且由有效购买力所决定，而购买力又由收入所决定，收入由生产力所决定，生产力又依赖于分工水平。这意味着分工与市场范围之间产生了一个动态良性的循环机制，使得分工水平和市场规模得以不断增加。以杨小凯为代表的新兴古典经济学家认为，分工的演进是因为存在着分工的好处与分工产生的交易费用之间的两难冲突。这意味着：如果交易效率过低，则每个人不得不选择自给自足，因为交易费用超过分工和专业化所能带来的好处，以至于每个人只能生产包括中间品在内的多种产品，或者整个服务流程，从而其运作规模小且效率低。随着交易效率的提高，对分工和专业化的好处与交易费用之间进行适当权衡，可能会导致分工和专业化的出现及其程度的提高。也就是说，当交易效率超过临界值时，分工和专业化开始出现。随着分工和专业化水平的提高，交易频率以及由此产生的交易费用随之提高，这又限制了分工的进一步发展。接下来又需要交易效率的提高，以促进分工的发展，如此循环往复，分工不断向前演进。

从分工的技术属性看，生产活动可以被分解为许多最基本的单位，斯蒂格勒将之称为"职能"，而赖宾斯坦则称之为"操作"，因此所谓专业化就是一个人或者组织减少其生产活动中不同职能或操作的种类，或者说，将生产活动集中于较少的不同职能的操作上。显然，分工越发展，个人或者组织的生产活动就越集中于更少的职能或操作上。分工的演进过程相应地就可以被理解为：随着时间的推移，从一组完整的生产活动中分离出去的基本生产操作数量的变化。此外，杨格认为，分工的最大特点就是迂回生产方式。因此，如果从迂回生产的角度来刻画分工和专业化的演进过程，就是生产的迂回程度不断加深的过程，就是在生产与消费两点之间绝对地增加物质性中间环节（或者增加服务提供流程和环节）以及绝对地延长流转路径的过程。按照历史的顺序，分工导致的迂回生产表现为几种不同的形态：第一种形态就是马克思所说的一般分工，例如人类历史早期的农业、手工业和商业的分工；第二种形态就是产品或服务的专业化，即以完整的最终产品或整套服务流程为对象的专业化，例如斯密所论述的制针业，以及企业内部从研发到售后服务等整个生产性服务；第三种形态是产品零部件专业化或者服务提供流程的专业化，例如汽车工业中，某些企业只生产发动机，甚至只生产发动机的某个零部件，而在金融服务中，某些企业只提供数据处理服务，等等；第四种形态为工艺专业化，即专门进行产品或零部件生产的一个工艺过程，比如铸造、电镀等；第五种形态是生产服务各种职能的专业化，例如专门进行工具及其他工艺装备准备、设备维修、运输等服务。上述各种形态的演进在相当长时间内十分缓慢,但进入工业社会后得到了突发猛进的发展,特别是后三种形态的分工已经具备碎片化分工的基本特征,当其跨越国界就成为国际碎片化生产的分工形态。生产力水平、市场规模、交易效率、技术变化等,都是决定分工演进和生产迂回程度的关键因素。

二、从产品分工到服务提供流程碎片化分工

从空间上看,分工的发展是一个逐渐延伸和扩展的过程,与此相伴的是市场的统一与扩大,从某一地区范围扩展到全国,并进而冲破国界,发展成国际分工。国际分工演进的历史就是在市场规模不断扩大的过程中,随着跨国交易效率的提升,迂回生产过程不断延长,不断向国际市场延伸的历史,就是分工的参与者以及迂回生产链中的各个环节专业化程度不断加深的历史,就是迂回生产链中的各个环节在国际市场中寻找最适合生产地点的历史。

我们知道,传统的国际分工是产业部门之间的分工,即工业制成品生产国和初级产品生产国之间的分工,以及各国不同工业部门之间的分工,分工的边界是产业。随着服务变得越来越可以贸易以及随着全球产业结构的调整,出现了各国工业部门和服务业部门之间的分工。以产业为边界进行的国际分工,其特点就是各国根据比较优势参与国际分工,并根据比较优势逐渐成为迂回生产链中某个环节专业化的产品生产者,而迂回生产链条中各环节(指产品)也在这一过程中,根据比较优势被配置到最适合的生产地点。进入20世纪80年代,通信和信息通信技术的突飞猛进、利用全球资源成本降低和远距离多时空经营交易的便捷可行以及商品和要素流动障碍的大大降低,使得生产、服务提供流程和资本国际化的趋势不断增强,市场范围、市场规模以及世界生产力都获得了前所未有的增长,迂回生产在相当大的程度上成为真正的国际迂回生产。此时,由于市场规模的扩大和交易成本的下降,价值链上的各个生产活动和各项功能性活动能够在不同国家间实现更加细密的专业化分工,国际分工因此表现为同一产业不同产品之间和同一产品不同工序、不同生产环节、不同增值环节之间的多个层次分工。这种分工界限是价值增值环节,是价值链上劳动要素密集、资本要素密集、知识要素密集、技术要素密集或其他要素密集性质的各个环节之间的分工。换言之,同一产

品价值链的不同生产环节或工序或者说服务提供流程中的不同环节和阶段，按照其要素密集度特征被配置到具有不同要素禀赋的国家和地区，国与国之间的比较优势更多体现在价值链上某一特定环节的优势。原先基于比较成本和要素禀赋的国际产品（服务）间分工和贸易，进一步让位于基于要素可流动的产品内贸易、垂直专业化贸易和公司内贸易，各国以各自的优势要素参与国际分工，从而共同完成最终产品（服务）的生产，国际分工形式从产品分工向价值链分工发展。这是国际分工日益细化的必然结果。

当国际分工从产品分工发展到价值链分工后，国际分工的细化反过来又会推动全球价值链生产和国际分工的进一步发展，从而产生良性的正反馈作用机制。一是因为分工越是细化，就有越多的生产环节或服务提供环节从技术属性上从迂回生产的生产链中独立出来的过程，也就是越来越多的中间产品（服务提供环节）生产过程。与此同时，中间产品（或服务提供环节）的专业化程度也越高，中间产品（或服务提供环节）生产过程中的要素投入也就越来越专门化，中间产品的要素特征表现得也就越发明显。二是因为分工的细化使得要素职能日益专门化，要素异质性日益增强，提高了彼此替代的难度。以劳动要素为例，专业化劳动的出现，加深了劳动要素间的差异，不仅不同层次之间的劳动力要素转移是有障碍的，而且同一层次、不同工种之间劳动力要素的转移也是有障碍的，这种障碍（或者说替代的难度）会随着分工的深化愈来愈高。资本要素也是如此，表现出很大程度的专用性。在国际分工程度较低时，参与国际迂回生产的中间产品较少，因此国际分工主要表现为以产品或服务部门为界限的分工，要素专用性并不明显。当国际分工发展到零部件的分工、生产环节、工序乃至服务提供流程的专业化分工时，参与国际分工的中间产品（服务提供流程和环节）越来越多、越来越细化、越来越专门化，要素的专用性特征也就越来越显著，从而由该专用性要素所带来的比较优势也就越发明显。因此，从更深的意义上来看，这种中间产品（或服务提供流程）的分工不仅意味着最终产品（服务）的生产是多国要素共同参与的结果，同时还意味着各国赖以参与国际分工的优势要素会在专业化生产过程中得以不断增强，因此，国际分工也就越来越表现为以优势要素为依托，以碎片化生产为界限。

从实践的角度来看，全球价值链的发展主要表现为两种形式：一种是同一产品价值链被分解为若干独立环节而处于不同企业的控制之下；另一种是尽管这些不同的环节仍然处于同一企业（如跨国公司）的控制之下，跨国公司必然在全球范围内整合资源，将价值链中的每个环节都放到最有利于获得竞争优势的地点。当前全球中间产品贸易和服务外包的迅猛发展就是上述第一种形式的典型表现，而当前全球对外直接投资（包括制造业和服务业）的快速增长就是第二种形式的典型表现。当然，上述两种现象并非独立，在大多情形下是一种相互融合、相互依赖、共生发展、合为一体的国际经济现象，即贸易与投资一体化现象。这种一体化不仅表现在当今贸易和投资在流向上具有高度一致性、在时间上具有同步性，而且表现为国际贸易和直接投资呈现互补共存、互动发展的格局。

第二节　服务业全球价值链分工的实质

当代国际分工从产品分工向全球价值链分工发展，其主要组织者和推动者是跨国公司。服务业全球价值链是跨国公司在全球范围内进行投资和贸易活动的必然结果，其实质是跨国公司在全球范围内进行的资源整合。

一、服务业全球价值链是跨国公司构建的国际分工新形态

服务业全球价值链是跨国公司适应知识经济时代企业生产方式变革的产物，是跨国公司所构建的以价值链为基础的国际分工形态。企业生产产品和提供服务的过程就是创造价值的过程，如果我们把产品的生产过程和服务提供过程分解为一系列互不相同但又互相关联的经济活动，那么这一系列环节联结成一条活动成本链，其总和即构成企业的价值链。在工业经济时代，大规模生产方式决定其组织形式必须是根据垂直整合原则和制度化的社会、技术分工而组成的大型垂直一体化企业，全能型企业也就成为主导发达国家企业的主要组织形式。进入知识经济时代，一方面，生产活动日益高度化和复杂化，同一产品价值链上的增值环节变得越来越多，分工越来越细，结构也越来越复杂，全能型企业成为不能承受之重；另一方面，模块化生产技术的迅猛发展使得生产可分性不断增强，企业可以利用社会分工生产的某些阶段交由其他企业来完成。于是价值链开始分解，一些

在某个增值环节专业化生产方面具有要素优势（更为精湛的技术、更具知识密集型、更具信息密集度以及更为低廉的成本）的企业就会加入进来。如此，一个新的以价值链为基础的分工模式便由此形成。在经济全球化深入发展的背景下，价值链的分解和整合超越国界，出现国际性的劳动分工和生产协作。跨国公司价值链中不同环节的分布，不再局限于一国的地理范围，而是以全球市场为依托，实现研究与开发、生产制造、采购与销售、服务等各个环节的全球网络一体化分布和全球优化配置。不但要从各国生产要素（如劳动力、人力资本、自然资源、资本）的成本和质量差异中获得好处，而且要通过培育全球范围的协同优势，提升对全球不同市场需求变化的响应和控制能力，全面提高企业的竞争优势。

二、服务业全球价值链分工是全球生产体系的产物

服务业全球价值链分工是跨国公司所经营的全球生产体系的产物。在非全球化的环境下，虽然跨国公司的生产因其跨越国界而具有国际性，甚至因其跨越多国而具有世界性，但是由于散布在世界各国的子公司、分公司等所生产的产品和服务主要是供应当地市场或返销母国，所以世界各国的生产和服务提供过程之间并不具有内在的生产关联性。国际分工也主要是发生在最终产品和整套服务流程之间，或者说，此时主要分工形式还是以产品和整套服务流程为界限。当跨国公司进入全球一体化经营阶段时，散布于海外的子公司不再是独立运作或仅与母公司发生简单联系，而是与母公司及其他子公司保持高度一体化联系。跨国公司根据不同区位的要素禀赋和比较优势，将生产活动及其他功能性活动进行更为细密的专业化分工，并在全球范围内推动可流动的生产要素不断追逐流动性较弱的生产要素。一方面，基于要素的可流动性，跨国公司将可流动的资本、技术、知识、信息以及管理等要素安排到东道国，并与东道国的不可流动优势要素相结合，优化资源配置进行产品生产和服务提供；另一方面，跨国公司根据产品生产环节和服务提供流程的要素密集度特征，将其配置到最具竞争优势的国家和地区进行生产，以降低生产成本。此时，任何子公司或分公司所服务的对象都不再是分散、独立的当地市场，而是整个跨国公司网络所瞄准的区域市场乃至全球市场。由此，产品生产在世界各国之间经由跨国公司的网络体系建立起有机内在联系，组成了全球生产体系的实体部分。正是由于跨国公司组织的全球生产体系，

使得国际分工超越了国家和产业边界，而转向企业内部、产品内部、服务提供流程内部，传统以产品和服务为界限的分工也因此演变为以产品生产环节和服务提供流程为界限的分工。在跨国公司看来，遍布于全球各国的各分支机构的国别属性已不重要，重要的是在跨国公司全球价值链中的确切位置。

三、服务业全球价值链由跨国公司掌控

作为服务业全球价值链分工直观表现的服务流程的跨国贸易也由跨国公司掌控。当代全球服务贸易主要表现在两个方面：一是跨国公司内部服务流程的跨国分散化并由此进行的跨国贸易；二是标准化服务提供流程的贸易。尽管这两者的服务提供类型有所不同，但都是在跨国公司的掌控之下。跨国公司内部的服务提供流程贸易，主要是那些服务本身所蕴含的知识、信息和技术特性，使得其在外部市场上进行交易面临着较高的复杂性和不确定性，此时跨国公司就会通过 FDI 的形式，设法把所需要的、分散在各国的服务提供流程联合起来，把国家间、企业间的交易转变为公司内部的交易。这一形式实际上就表现为我们上文所指出的贸易与投资一体化的现象。标准化服务提供流程的贸易不需要跨国的资本流动，即跨国公司与东道国服务流程提供者并不是通过要素契约联系在一起，表面上看跨国公司对此无绝对的控制。仔细深究，跨国公司与东道国之间的这种服务流程贸易，也并非是通过服务契约联系在一起。两者的关系较市场上的一般买卖双方更为密切一些，是通过所谓的介于服务契约与要素契约之间的超市场契约联系在一起，跨国公司在全球范围内安排这样的生产，形成庞大的介于市场与企业之间的第三种组织。这种组织形态其实仍然由跨国公司掌控，或者说，跨国公司是整个生产环节的组织者和管理者。一个典型化的事实是，发展中国家的企业融入全球分工体系，主要就是融入领导型跨国公司管理的全球价值链体系，在此过程中，要不断接受发达国家跨国公司给予的一些规范化的参数指导，按照发达国家跨国公司的要求进行服务流程的生产和供给。因此，当今全球价值链生产分工环境中出现的第三种组织形态，其实正是跨国公司管理全球价值链的表现形式之一。

第三节　服务业全球价值链分工的基本特征

国际分工发展到以服务提供流程和环节为界限的分工时,表现出迥然不同于以往的诸多特征。

一、服务提供的原产地越来越具有全球化特征

在标准化服务提供流程的贸易环境中,服务提供全球化(Globalization of Service Supply)成为越来越多服务品的原产地。传统的由单个国家独自完成全部服务流程提供过程并出口的最终服务的生产和提供模式,正在被全球分工协作的生产模式所替代。服务的生产和提供过程超越国界,成为真正意义上的迂回化国际生产。产品的生产和服务提供也不再是个别企业的孤立行为,而是在全球生产网络或体系的基础上,在全球范围进行相互协调和合作的企业网络组织框架内进行的全球化生产和服务提供行为。现有文献中的很多案例都对此进行了很好的描述,例如 Dedrick 和 Linden (2010) 在研究苹果 iPod 播放器的全球价值链分布时指出:一款价值 144 美元的苹果 iPod 播放器,其中有价值约 73 美元的硬盘驱动器(HDD)以及价值 23 美元的显示器由日本生产,价值 13 美元的处理器由美国生产,价值 4 美元的电池由韩国生产,价值 29 美元的部件由东南亚其他国家和地区生产,最后价值 4 美元由在中国进行加工组装所创造。这种世界制造也意味着,任何一个国家或企业所生产的最终产品中自身创造的价值只能占据该产品最终全部价值的一部分。服务提供流程的全球价值链同样如此。

二、比较优势在服务价值链得以细化

在服务业全球价值链分工环境中,生产要素(特别是资本和技术)在全球范围内的流动性增强,突破了原有要素禀赋理论分析框架下所"锁定"的比较优势,比较优势的实现形式不再体现于出口产品和服务提供自身,而体现于出口

国所参与的价值创造环节。随着生产分割或者说服务碎片化提供技术的不断进步，产品生产和服务提供流程的迂回程度被不断延长，而每一个生产环节作为价值链上的一个特定环节，都可以由不同国家、不同企业进行专业化生产。传统的发达国家和发展中国家之间的垂直分工不再体现在部门间、产业间甚至产品和服务间，而是表现为劳动密集型工序或零部件生产与资本、技术、知识密集型工序或零部件之间的分工，甚至是设计环节与制造环节的分工。比如，产品设计由发达国家进行，产品制造则由发展中国家进行，发展中国家成为发达国家的加工厂和制造车间。此时，国与国之间的比较优势更多地体现为价值链上某一特定生产环节上的优势，从而导致国与国之间按价值链不同环节进行分工的现象。跨国公司则基于全球竞争战略的考虑，将价值链中的每个环节都分别配置到最有利于获得竞争优势的国家和地区。国际分工也就表现为：一国以优势要素开展对外直接投资，也以优势要素吸引国外直接投资，以及依据优势要素融入国际价值链的特定生产环节；一国分工地位的提升将主要表现为沿着产业链条的攀升或产品工序所处地位的攀升。

三、服务价值链演进促使分工出现分化现象

在服务业全球价值链分工环境中，分工发展呈现出多维度、不平衡的特性，虽然发展中国家更容易融入国际分工体系，但更难以向更高的分工层次攀升。要素分工的发展不仅表现为横向上分离出诸多不同工种，而且在纵向上还分解出许多不同层次。各个国家依据各自的优势要素，在服务业全球价值链分工中选择和发展合适的工种和层次，从而使得国际分工呈现出多维度发展特点。这也使得在产品分工时代被排除在国际分工体系之外的落后国家，在服务业全球价值链分工中可以参与国际分工并从中获利，只要该国在任何产品或者服务提供流程的某一环节或阶段上具有比较优势。与这种多维度国际分工相伴随的却是劳动分工在国际间的不平衡发展。这是由于国际迂回生产链的延长以及国际分工的细化对国际间的劳动分工产生了两种相反方向的影响：一方面，处在较低分工层次上的劳动横向差别变得越来越小，资产专用性也逐步弱化为通用性。因此，处于这个层次上的国际分工具有进入壁垒低的典型特征，这是大多数发展中国家融入全球分工的主要形式。在国际分工的利益分配方面，参与者仅以简单劳动要素等初级要素

本身参与国际分配。另一方面，它又使得处于较高层次上的劳动横向差别变得越来越大，劳动要素的异质性和专业化逐步增强，专业化知识在分工中的重要性日益显著。与之相伴的是，越来越多的基本生产要素的职能日益专业化而逐渐成为专用性资产。因此，处于这个分工层次上的进入壁垒和退出壁垒都比较高。在国际分工的利益分配方面，其参与者不仅以专业化劳动而且以专业化知识和专用性资产参与国际分配，这也是发达国家控制国际分工体系的主要依托。各章有关当前不同国家所具有的不同服务贸易结构特征，以及对中国服务贸易出口增长分解的分析，均是明证。

四、服务价值链中的要素优势更加重要

在服务业全球价值链分工环境中，国际分工利益不再取决于进口和出口什么，或者说专业化服务提供流程的哪一个环节和阶段，不再取决于企业产权和服务品的产地，而是取决于参与国际分工的要素数量和质量，以及参与什么层次的国际分工。这是因为，最终产品的生产和服务的提供，需要使用来自不同国家和地区生产的中间投入品和服务提供，在基于要素全球可流动性的情形下，甚至中间产品本身以及服务提供流程的某个环节和阶段，可能都是多国要素共同参与的结果，因此贸易品的生产国和生产企业或者说服务流程的提供国和提供企业并非是贸易利益的全部归属方，贸易利益所得必须按照参与生产贸易品和提供服务流程的各种生产要素的贡献进行分配。从上述意义上来说，在服务业全球价值链分工快速发展的经济全球化下，按要素分配也全球化了，参与国际分工的要素质量和层次是决定一国分工地位及其获益能力的关键。不仅如此，一国自身所拥有的要素素质还决定了其能够吸纳什么层次的生产要素，进而能够影响其参与的国际分工层次。这是因为，经济活动中各种生产要素之间的组合都有一个最优比例问题，这种最优比例不仅体现在要素的数量组合上，同时也体现在要素的质量配比上。发达国家由于拥有诸如技术、标准、品牌、国际营销网络、市场竞争制度等先进要素，不仅能够利用自身的先进要素占据国际分工价值链的优势片段，还能够依托这些先进要素吸纳全球的先进要素，进一步控制全球价值链，因此它们摄取了国际分工的大部分利益。发展中国家普遍所拥有的则是专用性较低的一般要素（如廉价劳动力），只能占据国际分工价值链的低端位置，其吸纳全球先进要

素的能力要远低于发达国家,甚至处于被发达国家先进要素整合的地位,只能获得少量的要素报酬。

五、服务价值链下分工更具共生性特征

在服务业全球价值链分工环境中,国际分工不仅具有互利性,更突出地表现为共生性。服务业全球价值链分工使得每一个国际分工参与国都是价值链上某个或几个特定生产环节的专业化生产者,贸易的性质也因此发生了根本性变化,即从传统分工模式下为最终产品和服务价值实现而进行的国际交换转变为确保全球生产的正常进行而进行贸易。因此,以此为内容的经济全球化能否持续,取决于融入国际分工体系中的每一个国家的经济是否具有可持续性。或者说,如果任何一个国家在任何产品价值链上和服务提供链上的任何一个区段出现不可持续性,必然影响贸易进而影响最终产品价值的实现,其他国家也难以获取预期的国际分工利益,进而造成整体意义上的不可持续性。服务业全球价值链分工所带来的上述变化,意味着不仅国与国之间开展分工具有传统意义上的互利性特征,同时还意味着国与国之间的相互依赖程度日益加深,呈现出分工利益的彼此相依的共生性特征。

第四节 服务业全球价值链分工的典型表现

进入 21 世纪以来,服务业全球化和碎片化的全球价值链分工成为重要发展趋势,也标志着经济全球化进入新的发展阶段。当然,导致这一发展新趋势的原因很多,既有科技革命的进步从而使得服务的可贸易性越来越强,也有全球价值链分工深入演进从而对链接不同生产环节和阶段的服务需求越来越多;既有全球服务贸易规则实行从而对服务业"两化"发展提供了制度层面的保障,也有国家层面积极推动的重要影响。其中最为重要的推动因素应是跨国公司的全球生产垂直一体化和水平一体化发展战略。也正是在多种因素的共同作用下,服务全球化和碎片化已成为当前经济全球化的重要发展新趋势,对此,我们可以从如下几

个特征事实中略见一斑。

一、服务的可贸易性不断增强

服务贸易的快速发展，是服务业"两化"发展趋势的典型特征事实。服务贸易是服务业在国际范围内的延伸，是服务业在全球范围内进行专业化分工的直接表现和反映，因此，全球服务贸易发展状况大体能够反映出服务业"两化"发展的基本趋势。实际上，自20世纪60年代以来，全球服务贸易的发展就已经开始加速。在中国改革开放之初的1978年，全球服务贸易的增长速度首次超过了货物贸易的增长速度，前者的增幅为2.4%，而后者的增幅为2.1%。尽管增速较快，但由于服务贸易在全球贸易中的比重仍然较低，因此还没有引起人们的足够重视，更没有意识到服务贸易有可能会成为全球贸易增长的新引擎。自20世纪80年代以来，在前文所述的各种因素的共同推动下，服务贸易的增长随之异军突起。1981年，全球服务贸易进出口总额为8760.1亿美元，而到2013年这一数值已快速攀升至9.22万亿美元，其间增长了近10.53倍，全球服务贸易进出口总额与同期货物贸易进出口总额之比也相应地由1980年的18.57%上升至2013年的25.08%。表2-1给出了1981~2013年全球服务贸易进、出口额及其增长率情况。

表2-1的统计结果显示，全球服务贸易发展除了呈现规模迅速扩张这一显著特征之外，还具有加速发展之势的特征。尤其是进入21世纪以来，在本轮全球金融危机爆发之前，全球服务贸易的增速几乎是以两位数的速度在推进。受本轮全球金融危机的影响，2009年虽然出现了负增长，但伴随危机阴霾的逐步散去，服务贸易又呈现了恢复性增长。就表2-1的整个样本区间来看，全球服务贸易的年均增长率为7.63%，这不仅高于同期全球GDP年均增长率，也高于同期全球货物贸易年均增长率。总之，全球服务贸易增长不但速度快，而且还有加速之势，已经成为经济全球化的重要标志，并成为引领全球贸易增长的重要引擎。这是服务业"两化"发展的典型表现。

表2-1 1981~2013年全球服务贸易进、出口额

年份	1981	1982	1983	1984	1985	1986	1987	1988	1989	1990	1991
出口总额（亿美元）	4074.6	4001.5	3896.2	3983.4	4112	4845.9	5747.1	6426.4	6997.4	8313.5	8777.1
进口总额（亿美元）	4685.5	4516.9	4355.5	4450.6	4437.2	5000.8	5887.2	6707.9	7346.4	8751.9	9211.8
进出口总额（亿美元）	8760.1	8518.4	8251.7	8434	8549.2	9846.7	11634.3	13134.3	14343.8	17065.4	17988.9
增长率（%）	3.86	-2.76	-3.13	2.21	1.37	15.18	18.15	12.89	9.21	18.97	5.41
年份	1992	1993	1994	1995	1996	1997	1998	1999	2000	2001	2002
出口总额（亿美元）	9769.3	9938.4	10834.8	12222.2	13173.1	13726.1	13899.8	14355.5	15219.8	15251.1	16340.7
进口总额（亿美元）	10065.7	10112.6	10935.6	12409.4	13156.3	13512.4	13544	14308	15193.9	15378.3	16230.6
进出口总额（亿美元）	19835	20051	21770.4	24631.6	26329.4	27238.5	27443.8	28663.5	30413.7	30629.4	32571.3
增长率（%）	10.26	1.09	8.58	13.14	6.89	3.45	0.75	4.44	6.11	0.71	6.34
年份	2003	2004	2005	2006	2007	2008	2009	2010	2011	2012	2013
出口总额（亿美元）	18965.9	23023.5	25732.2	29087	34902.4	39162	35555.8	38962.6	43728.9	44738.1	47201.8
进口总额（亿美元）	18627	22287.2	24723.6	27579.5	32813.7	37545.3	34229.9	37392.5	41806.4	42926.8	44991.9
进出口总额（亿美元）	37592.9	45310.7	50455.8	56666.5	67716.1	76707.3	69785.7	76355.1	85535.3	87664.9	92193.7
增长率（%）	15.42	20.53	11.36	12.31	19.50	13.28	-9.02	9.41	12.02	2.49	5.17

资料来源：UNCTAD 统计数据库。

二、服务业成为全球对外直接投资青睐的新领域

全球服务业 FDI 的迅猛增长,是服务业"两化"发展趋势的另一重要特征。服务业对外直接投资作为服务业跨国转移的重要方式和内容之一,近年来发展迅猛。2006 年联合国贸发会议(UNCTAD)在其发布的《2006 年全球投资报告》中就指出,全球对外直接投资的重点已经开始逐渐从传统的制造业领域向服务业领域转变,其中的统计数据显示,在 20 世纪 80 年代初期,全球服务业对外直接投资存量仅占当时全球对外直接投资存量的 25%,1990 年这一占比上升到 49.1%,而到了 2004 年这一占比则进一步上升到 51.8%。联合国贸发会议最新发布的《2014 年全球投资报告》中的统计数据进一步表明,截至 2013 年底,全球服务业对外直接投资存量占总投资存量的比重为 58.92%。再从全球服务业对外直接投资流量来看,统计数据表明,1990 年全球服务业对外直接投资流量与全球对外直接投资流量之比为 45.68%;而 2003 年这一比重则突破 50% 的大关,达到 52.89%,流量额约为 4362 亿美元。受本轮全球金融危机及其后续影响的冲击,在全球制造业领域对外直接投资呈现下降的趋势下,服务业对外直接投资却保持增长态势。2012 年,全球服务业对外直接投资流量额为 4887 亿美元,相比之下,制造业全球对外直接投资流量额为 3811 亿美元,两者之比为 1.28:1;2013 年,全球服务业对外直接投资流量额上升至 5409 亿美元,而制造业全球对外直接投资流量额反而下降至 3741 亿美元,两者之比为 1.45:1。由此可见,全球对外直接投资正加快向服务业聚集。当然,按照服务贸易总协定的定义,服务业 FDI 属于四种服务业贸易方式的一种,即商业存在。与服务业 FDI 推动的服务业跨国转移相适应的是,近年来,通过商业存在的形式而实现的服务贸易规模正在不断扩大。据世界贸易组织的估计(WTO,2014),目前通过商业存在而实现的服务贸易总额约为跨境提供的 1.6 倍。

三、制成品出口内含服务增加不断提升

全球制成品贸易中内含的服务价值同样是服务业"两化"发展趋势的重要特征。20 世纪 80 年代以来,全球价值链日益成为国际分工的主导模式,而其突

出表现就是生产国际分割与切片化。因此,以往学术界对全球价值链的研究主要侧重于制造业,而对服务业全球价值链问题重视不够。实际上,伴随着产品国际生产分割和切片化的深入演进,服务业在全球价值链中的作用也日益凸显,这不仅表现为服务成为连接产品生产不同环节和阶段的重要黏合剂,发挥着协调运营、总部管理等重要作用,服务本身(比如研发、设计、营销等)也越来越成为价值链中的重要增值环节。正如 Bas 等(2012)的研究所指出:"产品生产所创造的附加值越来越向价值链低端转移,而服务则不断向价值链高端攀升。"因此,全球价值链的真实意义越来越表现为制造、服务、投资与贸易日益融合为一体化,传统的将货物贸易和服务贸易截然分开的做法显然已不合时宜。也正是源于这一实践性变化和需求,目前有关附加值贸易(Trade in Value – added)问题正成为国内外学术界研究的热点。囿于统计数据的可得性,目前还没有针对全球服务价值链问题的专门研究,但是随着国际组织对全球价值链和附加值贸易分析思路的认可和支持,贸发会、WTO、OECD 等国际组织和机构倾力建设的全球价值链和附加值贸易基本数据库及其取得的初步研究成果,则可以为我们在全球价值链视角下的服务业"两化"趋势提供一些间接认识。联合国贸发会议发布的《全球价值链及其发展》报告中的研究表明(UNCTAD,2013),1995~2011 年,全球制成品贸易中所内含的服务增加值比重不断提高,已由 1995 年的不足 10%上升到 2011 年的 21.8%。其中,诸如美国等发达经济体出口的制成品中,所内含的服务增加值已经超过 25%,而对于中国等已深度融入全球价值链的经济体而言,其制成品出口中所内含的服务增加值也均在 15% 以上。当然,由于UNCTAD 的研究是在产业大分类之上,利用世界投入产出表估算而得,即利用全球制造业和服务业各部门间的投入产出关系进行估算而得,因此所得结果会大大低估制成品出口中内含的服务增加值,因为其对服务提供的来源仅仅考虑服务产业部门,而未能将制造业本身内部所自给的服务纳入进去。国际组织和机构针对全球价值链和附加值贸易的初步研究成果已经充分表明,服务已然成为全球价值链的重要组成部分,这既是服务业全球化和碎片化发展的表现,也是其结果。

四、全球服务外包方兴未艾

当前服务外包的蓬勃发展,更是服务业"两化"发展趋势的突出特征。除了前文所述的服务业 FDI 之外，服务外包也是当前服务业跨国转移的重要形式和内容。实际上，服务外包体现的不仅是服务业的全球化问题，更能体现服务业的全球碎片化，因为从服务外包分类角度来看，主要是指知识流程外包（Knowledge Process Outsourcing，KPO）、信息技术外包（Information Technology Outsourcing，ITO）以及商业流程外包（Business Process Outsourcing，BPO）三种。显然，这三种服务外包形式所涉及的均是企业内部服务的部分环节和阶段的外部化，包括 KPO 下的市场研发和业务分析，ITO 下的系统操作、系统应用和基础技术服务以及 BPO 下的企业内部管理服务、企业运作服务以及企业供应链管理服务，本质上均是服务提供流程的跨国转移和分割，因而是服务业全球化和碎片化最为典型的特征和表现。进入 21 世纪以来，国际服务外贸的迅猛发展已经成为服务贸易增长的主要动力以及服务业跨国转移的主要推进器。据国际数据公司（IDC）提供的数据显示，即便是在本轮全球金融危机冲击的 2009 年，全球服务外包仍然保持较快增长势头，全球服务外包总额高达 7699.29 亿美元，仍然超过了 2008 年的 7528.68 亿美元服务外包总额。中国服务外包网上提供的统计数据表明，2010 年全球服务外包市场总规模达 7995 亿美元，2011 年全球服务外包市场规模约为 8200 亿美元。另据美国管理咨询公司麦肯锡的研究表明，目前全球服务外包市场总额正以每年 20%~30% 的增速在急剧扩张，按照这一增速可以预测，到 2020 年，全球服务外包总额将会突破 5 万亿美元。总之，全球服务外包蓬勃发展的实践表明，服务业全球化和碎片化已经成为当前及今后经济全球化发展的重要内容和趋势。

第五节 服务业全球价值链分工发展及其影响

　　服务业全球价值链分工的发展正在使全球服务贸易格局发生新变化：国际贸易的性质出现根本性变化，传统的国际贸易方式与国际合作方式日益融为一体，并表现为贸易与投资一体化；产品生产过程和服务提供过程的国际分散与地区集聚同步发展，生产活动和服务提供活动在国际间高度迂回的同时，部分生产环节和服务提供环节愈发向具有特定要素优势的地区集聚；新兴市场经济体和发展中国家成为全球服务贸易中的重要伙伴,并迅速成为高技术含量服务的名义出口国;服务业全球价值链分工自身的反贸易保护属性,使得降低商品和要素的流动壁垒成为国际经济发展的主流,贸易保护政策的有效性日趋减弱,保护主义也有了新的形式。

一、服务价值链推动贸易投资一体化发展

服务业全球价值链分工的发展,推动着当代贸易投资一体化的快速发展。当代跨国公司的发展,使得分散在国际间的生产活动被跨国公司联合起来。随着中间产品特别是难以定价的中间产品和服务提供流程的不断增多,跨国公司所联合的生产活动也越来越多,跨国公司不断发展壮大。越来越多的中间产品生产和服务提供流程是由跨国公司通过国际直接投资进行生产的,越来越多的中间产品贸易和服务提供流程贸易成为跨国公司的公司内贸易。在这里,贸易和投资都是围绕跨国公司国际生产所进行的,投资是发生在价值链上各个生产环节上的投资,是跨国公司寻求要素结合效率的手段而不是服务目标国生产的手段,投资的目的就是为了通过贸易实现分工收益,是为贸易而投资的;国际贸易也不仅是生产和服务提供的结果,而往往表现为生产和服务提供的环节,是实现投资行为最终目标的手段,是"为生产和服务提供而贸易"。在跨国公司的主导下,国际贸易和国际投资活动一体化了。

二、服务价值链促使地区专业化的分散与集聚

服务业全球价值链分工的发展,正在使国际生产中的网络和区位变得愈发重要,生产的国际分散与地区集聚同步发展。Gereffi(1999)和 Sturgeon(2002)都曾指出,在过去的 20 年间,许多产业的产业结构都发生了根本性变化,从传统的一体化企业发展成为生产网络组织。这意味着,产品价值链全球分解和国际间迂回生产并不是单线条发展,而是形成了跨国公司所主导的全球生产网络(Global Production Network)。参与服务业全球价值链分工的企业镶嵌于相互依赖的分工网络之中,网络使企业能够摆脱自身组织结构和区位的局限,为全球生产链而生产并参与全球化竞争。网络中的制度安排和交易效率决定了网络的厚度和

生产的迂回程度，具有优势要素（如品牌形象、专利、市场网络、研发以及创新能力）且能够控制最终产品市场的发达国家和跨国公司成为网络的中心（hub），并通过OEM和外包合同控制中间产品和零部件生产者，以及服务流程的提供者。与此同时，全球生产网络的发展使得区位变得更加重要。首先，跨国公司对片段化生产环节的区位选择依托于各国的要素优势，要素优势决定了一国在网络中的层次，亦即决定了从事何种要素特征的生产环节的生产和服务流程的提供。其次，跨国公司的区位选择依托于要素流动性，全球生产网络的成长就是流动要素对非流动要素的追逐，或者说流动性较强的生产要素对流动性相对较弱的生产要素的追逐，具有低流动性优势要素的区域将更可能成为全球生产网络中的片段化生产环节和服务提供环节集聚地区。最后，跨国公司搜索生产区位的过程还将诱发跨国公司主导型产业集聚的发展，一方面，具有专门化生产要素的区域会被众多跨国公司"俘获"，不同跨国公司的类似职能部门和类似生产环节因此而集聚在相同区域；另一方面，集聚本身就是一个地区要素优势的重要来源，产业集聚的正外部性使得企业可以通过置身于集群而获得竞争优势，集群的扩张和增长会使企业更具黏附力，并使集群更像一个整体，有助于企业在全球价值链向上攀升。此时，更可能是跨国公司被该地区"俘获"，争相进入该地区以提升全球竞争力。

三、服务业全球价值链为发展中国家带来新机遇

服务业全球价值链分工的发展，通过比较优势的创造效应和激发效应，为发展中国家参与国际分工带来了重要机遇，也使得发达国家和发展中国家的出口商品结构和技术含量以及服务提供出现名义趋同。在服务业全球价值链分工下，发展中国家不再需要在一个完整的服务提供流程上拥有比较优势，只要在任何产品的某一生产环节或阶段或者说在服务提供流程的某一环节和阶段具有比较优势，就可以参与国际分工并从中获利，服务业全球价值链分工为落后国家创造了比较优势（我们将在后文对此进行进一步的详细分析）。生产要素全球可流动性的增强会致使本国优势生产要素和国外流入的优势生产要素相结合，多种优势要素协同生产从而进一步激发本国比较优势。发展中国家在这两种效应的联合作用下，通过吸引跨国公司进驻等方式，全面融入跨国公司主导的国际分工体系中，承接

国际产业转移和产品价值链的梯度转移，以及承接服务提供流程的外包，即通常意义上所说的服务外包，成为世界产品的生产地和出口地，以及服务提供流程的提供地和出口地，充当跨国公司的价值增值地和出口平台。由于产品价值链上和服务提供流程上的不同环节和工序往往具有不同的要素密集度特征，对于仅仅拥有在劳动密集型生产阶段和环节上具有比较优势的国家和地区而言，在其专业化生产的阶段和环节使用的进口中间产品或服务提供流程阶段和环节则完全可能是技术密集型、信息密集型、知识密集型等高级要素密集型产品，从而使得这些国家和地区在完成其专业化生产阶段后的出口产品和提供服务表现为技术密集型等特征。正如 Johnson（2009）和 Theodore H. Moran（2011）的研究所指出的，发达国家进口自发展中国家（如中国）的高科技产品，貌似由发展中国家所生产，但实质上其中主要的高附加值部分却产自于发达国家。因此，将发展中国家的出口品与发达国家的出口品进行比较，并得出出口结构和技术含量趋同的结论，不免有夸大其实之嫌。

四、服务价值链分工具有反贸易保护倾向

服务业全球价值链分工的本质是跨国公司整合全球资源，因而其本身就具有反贸易保护的倾向。虽然有学者指出由美国次贷危机引发的本轮全球金融危机对导致全球经济衰退，是自 1929~1933 年世界经济大危机之后的史上最为严重的经济事件（Bernard 等，2009；Eaton，2010），但 Chad P. Bown（2010）的研究却发现，在此期间全球贸易保护主义虽有所抬头但并不显著，更无法与 1929~1933 年大行其道的全球贸易保护主义相比。对此，Kishore Gawande 等（2011）的研究具有启发意义：在跨国公司主导的全球价值链分工模式下，企业游说政府采取贸易保护主义的动力越来越弱了。这是因为，贸易壁垒和生产要素流动壁垒的高低对服务业全球价值链分工的发展具有重要影响。商品和要素流动的壁垒越高，国际迂回化生产所产生的交易成本也就越高，从而不利于服务业全球价值链分工的发展；反之，商品和要素流动的壁垒越低，国际迂回化生产所产生的交易成本也就越低，从而有助于促进服务业全球价值链分工的发展。

五、服务业全球价值链改变制造业服务化路径

从投入角度看,制造业服务化发展主要是指服务投入作为中间产品而进入制造业生产过程。在制造业生产的价值增值过程中,服务增加值所占比重越高,表明制造业服务化发展的程度和水平越高。显然,在服务不可贸易的条件下,一国制造业服务化过程只能依托本土服务业发展提供支撑。然而,伴随服务可贸易性逐步增强,尤其是服务提供流程碎片化技术的快速进步,以及服务贸易自由化制度的全球推行,服务业只局限于一国国内的传统格局被打破,服务业发展同样呈现出全球化和碎片化的发展趋势。在这种新的国际分工条件下,服务作为中间投入环节不断渗透到制造业生产过程中,其作用和功能不断超越作为链接制造业不同生产和环节黏合剂的传统作用,而是日益成为全球生产过程中重要的增值环节和阶段。因此,一国制造业服务化发展所需要的服务投入,显然不再局限于本土服务业提供的支撑,也可能是来源于国外的服务投入,而本国服务业发展为制造业服务化提供的中间服务投入,显然也不再局限于被本国制造业服务化所使用,同样能够被国外制造业服务化过程所使用。可见,服务业全球价值链的深入发展正在改变着制造业服务化的路径,也就是说,制造业服务化发展所需要的作为中间投入的服务,既可以来自国内服务要素也可以来自于国外服务要素投入。更为一般的情形是,制造业服务化既含有本土服务要素也含有国外的服务要素。也就是说,制造业服务化进程所需要的服务投入越来越具有全球化特征,其发展的路径更加具有多元选择性和构成上的复杂性。

第三章 全球价值链上中国制造业的分工地位初步考察

20世纪80年代以来,伴随着国际生产分割技术的快速进步、通信信息技术的突飞猛进,以及全球贸易和投资自由化制度的广泛推行,国际分工形式发生了深刻变化,即全球价值链成为国际分工的主导形态。与以最终产品为界限的传统国际分工模式相比,全球价值链分工是以生产环节和阶段为界限,进而生产过程日益碎片化和全球化了。联合国贸发会议的统计数据显示,目前全球贸易中70%属于中间产品贸易。这一特征事实便是生产碎片化和全球化的明证。也就是说,正是通过中间产品的跨境流动,各国产业间形成了相互投入产出关系,从而各国产业发展不再是独立和封闭的,而是日益作为全球产业链的一个组成部分存在和发展,即任何一个国家的每种产业几乎都具有全球属性。这种新型国际分工形式在对各国产业发展产生深刻影响的同时,在统计意义层面上也更容易掩盖各国产业发展的真实情况。例如,中国发展的一些所谓高新技术产业,就饱受高端产业低端环节的诸多诟病。诸如此类的实践正是对上述情形的真实写照。不可否认的是,由于各国要素禀赋结构等因素不同,不仅决定了其在全球产业格局中将以不同的产业发展为主导,同时也决定了即便是发展相同或类似产业领域,却仍然处于不同的层次和环节。概言之,在当今生产全球化的分工条件下,融入全球价值链的每个国家和地区,在全球价值链的生产环节中都有自己的位置。

中国改革开放的伟大事业正是在全球价值链快速发展的背景下展开的。通过抓住经济全球化深度演进的战略机遇,中国在快速而全面地融入全球价值链分工体系中,实现了产业发展的开阔式的推进(金碚,2016)。中国产业的快速发展,一方面,在国际上产生了对中国竞争力压力的强烈反响;另一方面,又在国内引起了对实际经济效益进而可持续性的深刻反思。从出口竞争角度看,中国不仅在传统劳动密集型领域形成了强大的生产和出口能力,甚至在技术复杂度相对较高的产品生产和出口上,已经追赶上了发达经济体并成为强大的竞争对手(Schott,2007),这是形成前一种认识的依据所在。但从实际效益角度看,一些基于产品价值链分解的案例分析表明(邢予青等,2011),中国在全球价值链中处于低端,附加值创造能力低,粗放型发展特征较为明显,由于缺乏核心技术创新能力,从而在国内外环境发生深刻变化的背景下,面临可持续难题甚至崩溃的风险。这是形成后一种认识的主要依据。应该说,上述认识上的分歧根源于产业全球化的基本属性。毋庸置疑,全球价值链分工条件下,不同分工位置往往意味着不同收益分配以及不同的产业发展前景和潜力。对于已经深度融入全球价值链分工体系的中国产业尤其是制造业而言,究竟处于什么样的位置?具有怎样的变化趋势?与其他各主要国家相比其状况如何?对于这些问题的回答,不仅是客观评价和正确认识中国产业尤其是制造业发展的需要,也是据此探寻中国产业尤其是制造业结构进一步调整发展方向的需要。

据此,本章综合考虑物理定位和经济定位的双重影响,在对现有测度上游度指标方法进行改进基础上,利用世界投入产出数据库的基础数据,测算了行业上游度和出口上游度等指标,并结合出口国内附加值率,对中国产业尤其是制造业的全球价值链分工地位演进趋势进行分解分析和国际比较。结果表明,中国产业尤其是制造业在全球价值链上的分工地位确实处于中低端,但与单纯考虑物理定位所发现的分工地位进一步恶化趋势认识不同,综合考虑经济定位后的测算结果表明,中国产业尤其是制造业的全球价值链分工地位有改善趋势,但这一变化主要来自制造业价值链分工地位的改善,服务业价值链分工地位仍趋于恶化。相对于制造业而言,由于服务业的上游度更低从而意味着更高的分工地位,因此,摆脱全球价值链的中低端不利分工地位,中国未来的产业结构调整应注重双管齐下,即不仅要依托制造业转型升级提升出口国内增加值,更应以服务贸易为抓手,努力促进服务出口大发展。

第一节 全球价值链与产业分工地位的已有观点评述

虽然全球价值链(GVC)的概念早在 20 世纪 90 年代就被提出,但是由于缺乏基础数据的支持，对全球价值链分工的研究多集中于定性讨论或个别案例分析，还无法对全球价值链下的产业分工进行具体测度和研究。然而，伴随 GVC 分工主导地位的日益确立，以及对 GVC 分析思路的日益认可和支持，一些国际组织如联合国贸发会议（UNCTAD）、世界贸易组织（WTO）以及经济合作与发展组织（OECD）越发意识到传统总值核算法已经无法反映贸易和产业发展的原貌，并开始致力于建设基于 GVC 分析需要的基本数据库。数据资源的可获得性逐步增强，极大地促进了学术界对全球产业和贸易的实证研究。现有研究大体循着两条线路展开：一条线路是从贸易角度对出口增加值进行分解分析，从而力图揭示一国在贸易中的真实获益情况，间接地了解一国在全球分工中的地位；另一条线路是对产业分工在全球价值链中的具体位置进行测度。

一、基于贸易增加值视角的分析

就贸易增加值的研究而言，较早的分析可追溯到 Hummels 等（2001）测算的一国贸易所内含的国际生产链中国外增加值（Foreign Value Added）情况，并提出了所谓垂直专业化（Vertical Specialization，VS）指标以测算一国融入垂直专业化分工体系情形的研究文献。但是，由于 VS 指标测度具有强假定条件从而与现实很难吻合，并且其测度方法还没有运用到真正意义上的全球价值链数据库，因而其实践运用性也是大打折扣（Daudin 等，2011）。之后，学者在前述研究基础上进行不断拓展并采用了包含贸易的投入—产出数据库，如 GATP 数据库和 WIOD 数据库，对贸易附加值进行了更为精确的测度和分解。代表性的研究主要包括 Lau 等（2006）通过构建反映加工贸易的非竞争性投入产出表的测算方法、KWW（2008）和 KPWW（2010）提出的总出口分解方法以及 Lejour（2011）提出的总需求分解方法，这些文献对增加值贸易的测度进行了较为系统的研究。应该说，这支研究文献重点在于揭示一国参与国际分工的获益情况，从而间接地推断分工地位。此外，针对出口国内增加值分解测算，除了利用全球价值链数据库之外，也有部分文献从企业微观层面进行了测算（Upward 等，2012；张杰等，2013），只不过由于这部分文献并非基于全球投入产出关系，因而很难在比较中揭示一国真实分工地位。

二、基于经济定位视角的研究

相对于贸易附加值问题的研究,关注产业分工地位的直接研究相对较少。Timmer 等(2014)在充分考虑国家间中间投入贸易关系的基础上,利用 WIOD 数据库研究了各样本国对全球价值增值的贡献,以及全球制造业价值在各样本国(地区)劳动收入和资本收入之间的分配状况。Johnson(2014)也是采用了类似的分解方法测算了全球制造业价值增值的构造情况。在中国,樊茂清和王薇(2014)借鉴 KPWW 研究方法,根据国家间投入产出表并利用基于非竞争性投入产出表的宏观估算方法,同样采用增加值来源结构分解及其贡献为主要表征指标,探析中国在全球价值链中的分工地位及其变化。可见,此类研究文献的一个共同特点就是从经济定位的角度,探讨全球价值链的分工地位问题。与经济定位相对应的是,还有少量文献从物理定位的角度,即倾向于研究各个经济体所处具体生产环节来研究各国产业在全球价值链中的分工状况。这一方面的代表性研究如 Fally(2011)以及 Antràs 等(2012)提出的产业上游度和出口上游度测算方法及其运用。国内也有部分学者在借鉴这一方法基础上,对中国出口上游度等进行了测算(何祚宇和代谦,2016;刘洪铎和曹瑜强,2016)。应该说,从经济定位和物理定位角度研究价值链分工地位,各有其合理性,但也各有其不足之处。前者主要考虑获益能力而缺乏对具体分工环节和位置的考虑,而后者则注重考察分工所处具体物理环节但欠缺对附加值创造能力的考虑。实际上,一国产业在全球价值链中的分工地位,既与所处分工位置有关,因为分工位置(比如微笑曲线上的不同环节和阶段)通常是分工地位的重要决定因素;也与附加值创造能力有关,比如即便是在产业链低端。但只要能够做精、做透、做绝从而附加值创造能力较高,同样具有较高的分工地位。

基于上述考虑,本章在同时考虑物理环节和附加值创造能力双重因素后,对 Fally(2011)和 Antràs 等(2012)构建的上游度指标测算方法进行改进,并利用世界投入产出数据库最新发布的世界投入产出数表,测算包括中国在内的全球 44 个国家(地区)56 个行业 2000~2014 年的上游度,并结合出口国内附加值率测度结果,对中国产业尤其是制造业的全球价值链分工地位的演进趋势进行分解分析和国际比较,以明晰价值链分工条件下中国产业尤其是制造业分工的真实地位以及演进趋势,并力图据此探寻中国贸易产业转型升级的可能调整方向。

第二节 基于上游度分工地位指数的考察

一、测度方法与数据

(一)行业上游度的计算

上游度是用来衡量全球价值链分工位置的,因此研究封闭经济体并无多大意义,本章对算法的解释将直接从开放经济体入手。为了了解每个行业在全球价值链生产环节中的位置,首先要计算的就是行业上游度,行业上游度也是下文中计算出口上游度的基础。我们以 Fally(2011)的上游度测度方法为基础,讨论开放环境条件下行业上游度的测度。假设每个经济体有 N 种行业,对每种行业 $i \in \{1, 2, 3, \cdots, N\}$ 该产业总产值是 Y_i。e_{ij} 为中间投入产出系数,表示生产一单位产值的产品 j 需要投入行业 i 的产值。在 Fally(2011)提出的测度方法中行业上游度的计算公式为:

$$U_i = 1 + \sum_{j=1}^{N} \frac{e_{ij} Y_j}{Y_i} U_j \tag{3-1}$$

其基本思想是,行业 i 的总产出被更高上游度的行业使用的比例越高,则行业 i 越处于更加上游的位置。显然 $U_i \geq 1$。

此时,计算行业上游度的 $N \times 1$ 矩阵 $[I-\Delta]^{-1} \mathbf{1}$,$\mathbf{1}$ 是元素为 1 的列向量。$[I-\Delta]^{-1} \mathbf{1}$ 只有其中的矩阵 Δ 会发生变化。矩阵 Δ 第 i 行 j 列的元素可表示为:

$$\omega_{ij} = \frac{e_{ij} Y_j + X_{ij} - D_{ij}}{Y_i} \tag{3-2}$$

其中,X_{ij} 表示外国产业 j 的生产使用了多少本国行业 i 的产值,D_{ij} 表示本国行业 j 生产时使用了多少行业 i 的产值,e_{ij} 表示生产 1 单位行业 j 的产值需要投入行业 i 的总产值(国内和国外)。

在之前的研究中,由于缺乏 X_{ij} 和 D_{ij} 这两类数据,式(3-2)无法直接用来进行计算。为此,Antràs 等做了如下关键性假设:行业 j 生产中使用的行业 i 产出所占的比例等于出口的行业 i 中被外国行业 j 使用的比例,也等于本国生产 j 时使用的进口行业 i 占 i 的总进口比重,即

$$\omega_{ij} = X_{ij}/X_i = D_{ij}/D_i \qquad (3-3)$$

其中,X_i 表示行业 i 的出口总量,D_i 表示行业 i 的进口总量。

运用式(3-2)和式(3-3)可求出对应的 ω_{ij}:

$$\omega_{ij} = \frac{e_{ij}Y_j}{Y_i - X_i - D_i} \qquad (3-4)$$

利用式(3-4)就可以直接使用 X_i 和 D_i 来计算 ω_{ij}。

实际上,利用上述方法计算行业上游度,只考虑到了国内的生产和需求情况,所以,该计算方法本质上与封闭经济行业上游度的测度方式相同。式(3-3)又是一个强假设,这会使测算的行业上游度不准确,由式(3-1)可以看出行业上游度≥1,由式(3-4)测算出的 ω_{ij} 也有出现负值的可能。显然,在这里会出现矛盾。

总结以上分析可知,由式(3-4)计算的行业上游度并不准确,有出现负值的可能性。根据式(3-2)是计算行业上游度会更准确,本章基于的世界投入产出表中不存在数据获得的问题,本章将要采用式(3-2)方法计算行业上游度。

(二) 出口上游度的计算

与行业上游度衡量单个行业的分工位置不同的是,出口上游度与可以衡量一个经济体在全球价值链中的位置,根据行业上游度就可以很快地计算出出口上游度,Antràs 的出口上游度计算式如下:

$$U = \sum_{i=1}^{N} \frac{X_i}{X} U_i \qquad (3-5)$$

其中,X 表示一个经济体的总出口。式(3-5)用各个行业的出口比重作为权重乘以各个行业的行业上游度后进行加总计算经济体的出口上游度。Antràs(2012)计算出口上游度使用的数据是传统的总值出口数据。而传统总值出口并非全由一个经济体创造,在全球价值链下,使用增加值出口数据才能更准确地计

算出口上游度。这种替换能使计算的出口上游度比传统算法使用进出口总量测算出的出口上游度更为准确。为此，本章将使用 Johnson 和 Noguera（2012）提出的出口国内增加值的计算方法对出口国内附加值进行计算，下面对该方法进行简单的介绍。

在 N 个经济体和 H 个行业的经济模型中，用 a、b 和 c 来表示不同的经济体。列向量 Y_{ab} 表示 b 经济体使用的 a 经济体的各产业向量。经济体 b 的增加值矩阵用 V_b 表示，V_b 为 $H \times H$ 的对角阵，对角线元素为各行业增加值在总产值中的占比。中间投入产出系数矩阵 A_{ab} 表示经济体 a 的产出中用于 b 的相应行业的中间投入产出系数。世界投入产出系数矩阵为：

$$A = \begin{bmatrix} A_{11} & \cdots & A_{1H} \\ \vdots & A_{ab} & \vdots \\ A_{H1} & \cdots & A_{HH} \end{bmatrix} \quad (3-6)$$

由式（3-6）推算出列昂惕夫逆矩阵如下：

$$B = [I - A]^{-1} = \begin{bmatrix} B_{11} & \cdots & B_{1H} \\ \vdots & B_{ab} & \vdots \\ B_{H1} & \cdots & B_{HH} \end{bmatrix} \quad (3-7)$$

根据式（3-7）计算增加值出口矩阵：

$$E = \begin{bmatrix} E_{11} & \cdots & E_{1H} \\ \vdots & \ddots & \vdots \\ E_{H1} & \cdots & E_{HH} \end{bmatrix} = \begin{bmatrix} V_1 & \cdots & 0 \\ \vdots & V_b & \vdots \\ 0 & \cdots & V_H \end{bmatrix} \begin{bmatrix} B_{11} & \cdots & B_{1H} \\ \vdots & B_{ab} & \vdots \\ B_{H1} & \cdots & B_{HH} \end{bmatrix} \begin{bmatrix} Y_{11} & \cdots & Y_{1H} \\ \vdots & Y_{ab} & \vdots \\ Y_{H1} & \cdots & Y_{HH} \end{bmatrix}$$

$$(3-8)$$

经过推导可以得出，$E_{ab} = \sum_{h=1}^{H} V_a B_{ac} Y_{cb}$，表示经济体 b 吸收经济体 a 的行业增加值列向量。经济体 a 的增加值出口向量可以表示为：

$$E_a = \sum_{b \neq a, b=1}^{H} E_{ab} \quad (3-9)$$

此时，只需将经济体 a 各行业的增加值出口相加即可得到增加值总出口。将对应行业的增加值在制造业、服务业和一国整体出口中的占比作为权重，代入式（3-5）便可计算出制造业、服务业和一国整体出口上游度指数。

(三) 数据来源及说明

目前在各主要国际组织构建的全球价值链基础数据库中，欧盟支持的 11 个机构联合体开发的世界投入产出数据库（WIOD），不仅在行业分类上更为细致，而且在时间序列上连续性也更强，因而在实际研究中采用得较为普遍。本章研究所采用的基础数据也来源于 WIOD 数据库。需要说明的是，WIOD 发布的世界投入产出表有两个版本，其中一个版本是 2013 年发布的 1995~2011 年世界投入产出数据，另一个版本是 2016 年新发布的 2000~2014 年的世界投入产出数据。2016 年发布的最新版世界投入产出表除了对往年数据进行年度上的更新外，还将世界投入产出表的部门数由原来的 35 个细分至 56 个①，国家（地区）增加到 44 个②，表格的制定方式也由原来的每国一表变更为每年一表的统一制表格式。因此采用 2000~2014 年的世界投入产出数据进行测算，所得结果将更加准确、更加细致，对中国加入 WTO 后分工地位变化的研究也更加具有时效性。

---

① 行业代码及行业名称：C1 作物及畜牧生产、狩猎及相关产业，C2 林业及伐木业，C3 渔业及水产养殖业，C4 采掘业，C5 食品、饮料及烟草业，C6 纺织、服装及皮革业，C7 木材加工（家具除外）及木、竹、藤、棕、草制品业，C8 造纸及纸制品业，C9 印刷及出版业，C10 炼焦及石油业，C11 化工产品制造业，C12 医药制品业，C13 橡胶及塑料制品业，C14 其他非金属矿物制品业，C15 基本金属制品业，C16 金属制品业（机械设备除外），C17 计算机、电子及光学设备制造业，C18 电气设备制造业，C19 机械设备制造业，C20 小汽车、拖车、半挂车制造业，C21 其他运输设备制造业，C22 家具制品及其他制造业，C23 机械和设备的维修和安装，C24 电、煤气、蒸汽和空调供应，C25 水收集、处理和供应，C26 污水、垃圾收集、处理和处置、材料回收再利用活动和其他废物管理服务，C27 建筑业，C28 批发和零售贸易业和修理汽车和摩托车业，C29 批发贸易行业（除了机动车和摩托车），C30 零售贸易行业（除了机动车和摩托车），C31 土地通过管道运输和运输，C32 水运行业，C33 航空运输业，C34 物流仓储行业，C35 邮政快递业，C36 住宿和餐饮服务业，C37 出版业，C38 传媒业，C39 通信业，C40 计算机编程、咨询和相关活动和信息服务业，C41 金融服务业（除了保险和养老资金），C42 保险、再保险和养老资金（除了强制性社会保障），C43 金融保险辅助行业，C44 房地产业，C45 总部的法律和会计活动和管理咨询活动，C46 建筑和工程活动；技术测试和分析，C47 科学研究和发展，C48 广告和市场研究，C49 其他专业、科学技术与兽医，C50 管理和支持服务活动，C51 公共管理和国防；强制性社会保障，C52 教育行业，C53 医疗和社会工作行业，C54 其他服务业，C55 自给自足的家庭生产服务活动，C56 不受管辖的组织和机构的服务活动。

② 44 个国家（地区）：澳大利亚、奥地利、比利时、保加利亚、巴西、加拿大、瑞士、中国、塞浦路斯、捷克、德国、丹麦、西班牙、爱沙尼亚、芬兰、法国、英国、希腊、克罗地亚、匈牙利、印度尼西亚、印度、爱尔兰、意大利、日本、韩国、立陶宛、卢森堡、拉脱维亚、墨西哥、马耳他、荷兰、挪威、波兰、葡萄牙、罗马尼亚、俄罗斯、斯洛伐克、斯洛文尼亚、瑞典、土耳其、中国台湾、美国、其他地区。

二、测算结果及分析

依据前述介绍的测度方法,以及数据来源和说明,本节测算了全球行业上游度、中国行业上游度以及中国出口上游度等指标,据此对比分析以明晰中国产业尤其是制造业在全球价值链分工中的地位。

(一) 全球行业上游度计算结果分析

从产业结构演进的角度看,不同产业往往意味着级别高低不同,比如先进制造业与高端生产性服务业通常被认为是产业高级化发展的方向,因而具有不同的分工地位。由于前文所述,受到要素禀赋等因素影响,各国在全球产业格局中确实又以不同的产业发展为主导。为了更好地了解全球价值链分工条件下一国产业所处分工地位,首先有必要测算不同行业之间上游度的差异性。为此,根据上文的方法,本章计算了全球44个国家(地区)56个行业2000~2014年的行业上游度,在此基础上,以不同国家产出份额为权重,按照行业对上游度指标进行加权平均,测算全球平均水平和意义上的不同行业上游度,并对所得结果通过排序方法,准确了解不同行业之间上游度的差异,以此比较分析不同行业在全球价值链中所处的位置。

表3-1报告的结果就是56个行业在44个国家(地区)的行业上游度加权均值的排序。其中,C1~C4为第一产业,C5~C22为制造业,C23~C56为服务业。从表3-1的排序结果可以看出,行业上游度靠前的4个行业为采掘业(C4)、除保险养老金外的金融服务业(C41)、电、煤气、蒸汽和空调供应行业(C24)和基本金属制品业(C15)。其中,除去C41外,其他3个行业都是与原材料能源相关的资源类行业,由于资源类行业的产出多在其他行业的生产中充当中间品被使用,因此离消费端都较远,上游度指数自然相对偏高。作为服务业的C41上游度指数表明,与以往研究中认为服务业总体离消费端更近的认识不同,该行业距离消费端较远,而之所以如此,主要是因为金融服务不同于一般的消费类服务,其业务多倾向于面对生产性部门开展,提供的服务产品多为生产中所需要的信贷融资等中间品类服务,属于上游行业。此外,从行业上游度的整体情况来看,上游度较高的为制造业行业(排名前20位的行业中有一半为制造业),服

务业的上游度相对制造业较低（上游度2以下的行业主要集中在服务业），说明在价值链的生产环节上制造业行业大部分距离消费端更远，服务业行业则大多离消费端相对更近。

表3-1 全球行业上游度加权均值

排名	行业	上游度	排名	行业	上游度
1	C4	7.90093	29	C36	1.9853
2	C41	5.32933	30	C40	1.98017
3	C24	5.30189	31	C12	1.97873
4	C15	5.20712	32	C27	1.96516
5	C29	5.20013	33	C46	1.96032
6	C11	5.11801	34	C49	1.91211
7	C50	4.45897	35	C42	1.9103
8	C17	4.3537	36	C54	1.90232
9	C43	3.50707	37	C48	1.85275
10	C45	3.46094	38	C28	1.83525
11	C31	3.43357	39	C9	1.83036
12	C1	3.02571	40	C51	1.81037
13	C19	2.92988	41	C2	1.7744
14	C6	2.86956	42	C37	1.74023
15	C8	2.83225	43	C38	1.73757
16	C10	2.80638	44	C23	1.73273
17	C16	2.77535	45	C21	1.67869
18	C18	2.74776	46	C22	1.62733
19	C13	2.71246	47	C26	1.60644
20	C34	2.61327	48	C47	1.56151
21	C20	2.53077	49	C33	1.53254
22	C44	2.49582	50	C35	1.50768
23	C30	2.46786	51	C25	1.38899
24	C32	2.4296	52	C3	1.34193
25	C14	2.3682	53	C52	1.24635
26	C5	2.2988	54	C53	1.12167
27	C39	2.20816	55	C55	1.11561
28	C7	2.02283	56	C56	1

资料来源：笔者计算。

(二) 中国行业上游度的测算结果及比较

表3-2报告的是中国和全球56个行业主要年份上游度对比结果。首先,从中国和全球的行业上游度指数平均值来看,除去9个中国不出口的行业外①,剩下的47个行业中中国有25个超过全球均值水平,中国的行业上游度指数总体上高于全球平均水平。根据Fally(2011)和Antràs等(2012)的解释,上游度指数越高,表明产业分工地位越低,因此上述测算结果表明,中国产业尤其是制造业发展水平低于全球产业总体平均水平。其次,从变化趋势来看,在2000~2014年除去中国不出口的9个行业外,中国超过一半的行业上游度指数呈现增长态势,增幅为0.04%~86.41%,相比之下,全球同期不同行业的行业上游度增长幅度仅为0.34%~34.70%。因此,从变化趋势上看,中国产业尤其是制造业的国际分工地位似乎在总体层面上也呈下降趋势。关于这一点,通过一般均值方差分析,也能看到同样的结果。从表3-3可以看出,中国的行业上游度均值在2000年还低于全球水平,到了2014年该指标已经超过全球水平。

表3-2 2000~2014年中国和全球行业上游度指数

行业代码	中国					全球				
	2000年	2007年	2014年	2000~2014年变化率(%)	2000~2014年年均值	2000年	2007年	2014年	2000~2014年变化率(%)	2000~2014年年均值
C1	4.111	4.404	4.824	17.33	4.446	2.696	2.965	3.026	12.25	2.895
C2	1.915	1.925	1.809	-5.55	1.883	1.693	1.705	1.774	4.80	1.724
C3	1.540	1.418	1.390	-9.73	1.449	1.283	1.256	1.342	4.59	1.294
C4	5.628	6.447	7.192	27.78	6.423	7.304	10.207	7.901	8.17	8.471
C5	2.843	3.829	5.300	86.41	3.991	2.132	2.361	2.299	7.80	2.264
C6	3.646	3.519	4.011	9.99	3.725	2.387	2.589	2.870	20.19	2.615
C7	2.315	2.769	2.861	23.58	2.648	1.816	2.018	2.023	11.37	1.952
C8	2.846	3.074	2.832	-0.48	2.917	2.858	2.626	2.832	-0.89	2.772
C9	2.003	1.651	1.623	-18.96	1.759	1.822	1.662	1.830	0.44	1.771
C10	2.936	4.938	5.445	85.44	4.440	2.668	3.824	2.806	5.19	3.099

---

① 一个国家不出口的行业的上游度为1.000。

续表

行业代码	中国					全球				
	2000年	2007年	2014年	2000~2014年变化率（%）	2000~2014年年均值	2000年	2007年	2014年	2000~2014年变化率（%）	2000~2014年年均值
C11	6.429	7.190	7.733	20.29	7.118	4.459	5.564	5.118	14.77	5.047
C12	1.832	1.808	1.785	-2.61	1.808	1.905	2.924	1.979	3.87	2.269
C13	3.686	3.304	3.259	-11.58	3.416	2.445	2.464	2.712	10.93	2.540
C14	2.977	2.315	2.473	-16.93	2.588	1.977	1.888	2.368	19.78	2.078
C15	6.825	8.062	6.699	-1.84	7.195	4.327	5.718	5.207	20.33	5.084
C16	3.252	3.005	2.969	-8.69	3.075	2.697	2.888	2.775	2.89	2.787
C17	4.079	4.301	5.596	37.18	4.659	3.876	5.215	4.354	12.33	4.482
C18	3.461	3.449	3.828	10.59	3.579	2.185	2.469	2.748	25.76	2.467
C19	4.059	4.446	3.830	-5.64	4.112	2.464	3.016	2.930	18.92	2.803
C20	2.906	3.306	3.552	22.23	3.255	2.399	2.587	2.531	5.50	2.506
C21	1.656	1.924	2.118	27.90	1.899	1.713	1.804	1.679	-1.99	1.732
C22	2.126	1.580	1.370	-35.57	1.692	1.547	1.539	1.627	5.16	1.571
C23	1.000	1.000	1.000	0.00	1.000	1.810	1.712	1.733	-4.27	1.752
C24	5.474	8.611	5.850	6.88	6.645	4.205	8.177	5.302	26.09	5.895
C25	1.340	1.271	1.158	-13.58	1.257	1.369	1.409	1.389	1.48	1.389
C26	1.305	1.323	1.306	0.04	1.312	1.569	1.748	1.606	2.42	1.641
C27	1.626	1.341	1.685	3.63	1.551	2.004	2.224	1.965	-1.93	2.064
C28	1.000	1.000	1.000	0.00	1.000	1.780	1.797	1.835	3.13	1.804
C29	6.077	3.783	5.244	-13.70	5.035	4.881	4.805	5.200	6.54	4.962
C30	2.084	1.580	1.917	-8.02	1.861	2.241	2.389	2.468	10.11	2.366
C31	3.695	3.184	3.044	-17.62	3.308	3.163	3.425	3.434	8.57	3.340
C32	2.534	1.949	1.603	-36.75	2.029	2.487	2.579	2.430	-2.30	2.498
C33	1.822	1.517	1.414	-22.41	1.584	1.467	1.483	1.533	4.49	1.494
C34	1.259	1.486	1.842	46.33	1.529	2.791	3.062	2.613	-6.36	2.822
C35	1.123	1.128	1.139	1.48	1.130	1.539	1.549	1.508	-2.02	1.532
C36	2.627	2.659	2.428	-7.57	2.572	1.909	1.889	1.985	3.98	1.928
C37	1.000	1.000	1.000	0.00	1.000	1.695	1.667	1.740	2.70	1.701
C38	1.000	1.000	1.000	0.00	1.000	1.713	1.717	1.738	1.44	1.723
C39	1.763	2.017	1.914	8.52	1.898	2.339	2.184	2.208	-5.58	2.244

续表

行业代码	中国					全球				
	2000年	2007年	2014年	2000~2014年变化率（%）	2000~2014年均值	2000年	2007年	2014年	2000~2014年变化率（%）	2000~2014年均值
C40	1.346	1.236	1.235	-8.30	1.272	1.927	2.172	1.980	2.73	2.027
C41	2.862	3.052	4.238	48.07	3.384	4.916	5.400	5.329	8.41	5.215
C42	1.552	1.591	1.475	-4.96	1.540	1.911	2.208	1.910	-0.04	2.010
C43	1.000	1.000	1.000	0.00	1.000	2.604	3.595	3.507	34.70	3.235
C44	1.805	1.882	2.034	12.71	1.907	2.556	2.821	2.496	-2.34	2.624
C45	2.588	3.380	3.790	46.48	3.253	3.700	4.125	3.461	-6.47	3.762
C46	1.000	1.000	1.000	0.00	1.000	2.005	2.137	1.960	-2.21	2.034
C47	1.052	1.234	1.298	23.32	1.195	1.600	1.638	1.562	-2.42	1.600
C48	1.000	1.000	1.000	0.00	1.000	1.881	1.899	1.853	-1.48	1.878
C49	1.162	1.746	1.763	51.67	1.557	2.600	2.608	1.912	-26.45	2.373
C50	1.040	1.097	1.140	9.56	1.092	4.668	4.686	4.459	-4.48	4.604
C51	1.012	1.045	1.200	18.51	1.086	1.925	1.901	1.810	-5.95	1.879
C52	1.212	1.298	1.234	1.82	1.248	1.240	1.292	1.246	0.55	1.259
C53	1.167	1.241	1.091	-6.50	1.166	1.118	1.144	1.122	0.34	1.128
C54	2.655	2.315	2.312	-12.92	2.428	1.786	1.757	1.902	6.49	1.815
C55	1.000	1.000	1.000	0.00	1.000	1.188	1.132	1.116	-6.13	1.145
C56	1.000	1.000	1.000	0.00	1.000	1.000	1.000	1.000	0.00	1.000

资料来源：笔者计算，限于篇幅未能展示2000~2014年的全部数据，如感兴趣可向笔者索取。

表3-3 2000年和2014年中国和全球上游度相关统计指标

地区	年份	观察值	均值	标准差	最小值	最大值
中国	2000	56	2.397375	1.506096	1	6.825
	2014	56	2.586661	1.785457	1	7.733
全球	2000	56	2.432857	1.177183	1	7.304
	2014	56	2.572196	1.344396	1	7.901

资料来源：笔者计算。

从具体的细分行业看，中国的食品、饮料烟草业（C5）、炼焦即石油业

(C10) 行业上游度指数增长最为迅速,均超过 80%,金融保险辅助行业 (C43),电、煤气、暖气和空调供应行业 (C24),电气设备制造业 (C18) 和基本金属制品业 (C15) 增长均超过 20%,而其他行业增长相对较慢。进一步从数量角度看,全球其他国家(地区)有 37 个行业出现了不同程度的上游度提升,上游度增长的行业数量比中国明显要多。据此可以看出,中国产业尤其是制造业上游度指数平均水平的提高,主要是源于少数行业的大幅提高。

综合以上测算结果并进行对比分析可见,中国产业尤其是制造业部门更多处于全球价值链的中上游环节,在全球产业格局中总体处于中低端;从发展趋势角度看,虽然中国在全球产业分工中总体继续向中上游移动,但主要是因为少数行业的大幅移动的平均作用,更多行业的上游度指数与全球平均水平相比是呈下降趋势的,可能意味着细分层面上多数产业分工地位有所改善。

(三)中国出口上游度及国际比较

虽然通过行业上游度的比较分析,可以大致了解中国单个行业在全球价值链中所处位置和中国行业上游度的总体状况,但由于上述测度主要还是停留在物理定位层面,因此所得结果可能并不准确。想要更深入、准确了解中国产业尤其是制造业部门整体处于全球价值链中的分工地位,仅靠上述行业上游度数据是不够的,还需要对中国整体出口上游度水平进行分析。为此,本章计算了 44 个国家和地区 2000~2014 年的整体出口上游度、制造业出口上游度和服务业出口上游度,并整理获得中国在全球出口上游度的排名,如表 3-4 所示。这里需要说明的是,出口上游度指数越高在全球价值链中的分工位置越低。

表 3-4 2000~2014 年中国的出口上游度、制造业出口上游度及其排名

年份	整体出口上游度	整体出口上游度排名	制造业出口上游度	制造业出口上游度排名	服务业出口上游度	服务业出口上游度排名
2000	3.893263654	16	3.856375428	10	3.660692494	19
2001	3.78757781	19	3.131229515	9	3.601775835	19
2002	5.653509049	20	4.021171335	9	6.735108337	21
2003	3.701138649	18	3.747477044	8	3.313006041	28
2004	3.845831038	19	4.011510232	7	3.252399816	30

续表

年份	整体出口上游度	整体出口上游度排名	制造业出口上游度	制造业出口上游度排名	服务业出口上游度	服务业出口上游度排名
2005	4.146516306	17	4.303319166	7	3.34490681	28
2006	4.176581983	17	4.35609491	8	3.370612857	27
2007	4.100442089	19	4.313670626	7	3.361419282	29
2008	4.215777163	17	4.434518537	7	3.147877045	35
2009	4.015468214	19	4.209278898	8	3.26725744	33
2010	4.153257518	20	4.414762939	9	3.312964429	32
2011	4.262217295	21	4.508074162	10	3.356997575	31
2012	4.215615241	21	4.447778431	12	3.466059102	30
2013	4.307935297	21	4.547435045	13	3.542739671	28
2014	4.357723481	21	4.503092005	15	3.669964374	25

资料来源：笔者计算。

表3-4报告的数据显示，2000~2014年中国整体出口上游度指数呈现波动中上升的发展趋势，但是与全球出口上游度相比，其排名稳定向后的发展趋势表明，中国产业尤其是制造业在全球价值链分工中的总体地位是在不断趋于上升的。这一结果与前述单纯基于行业上游度的分析结果是略有不同的，说明上述未考虑附加值创造能力而仅考虑物理定位的分析方法，对全球价值链分工条件下产业地位的分析和判断的确会导致偏误。制造业出口上游度的发展趋势具有明显的阶段性特征，具体来看，从中国"入世"到2008年，制造业出口上游度排名呈现稳定上升趋势，即制造业全球分工地位是趋于下降的，但2008年之后，排名又呈现稳定下降趋势，意味着制造业国际分工地位趋于稳定改善的变化趋势。这一变化趋势可能是与2008年金融危机冲击后，对中国制造业转型升级发展产生的倒逼作用有关。服务业出口上游度的发展趋势虽然同样具有明显的阶段性特征，但与制造业出口上游度变化趋势截然相反。具体而言，从中国"入世"到2008年，服务业出口上游度排名呈现稳定的下降趋势，这一结果意味着服务业的全球分工地位呈提升之势，但2008年之后，排名又呈现稳定向前的变化趋势，表明服务业国际分工地位趋于恶化。据此可以认为，中国在全球价值链中分工地位的总体提高，主要得益于制造业国际分工地位的改善，而服务业国际分工地位

的恶化在一定程度上抑制了整体水平的提高。因此，努力提高服务业国际分工地位，对于中国改善在全球产业链中的分工地位至关重要。

(四) 进一步相关性分析

基于上述测算结果的分析发现，在整体出口上游度指数缓慢提高的情况下，中国在全球价值链中的上游度排名却在不断下滑，因此从比较的角度看，中国在全球价值链中的分工相对地位是呈改善趋势的。那么这种判断是否准确？为此，我们还可以从出口上游度与出口国内附加值率相关性分析角度，给出进一步佐证。

目前学界普遍认为，中国在全球价值链低端进行生产，创造的附加值较低，因此，攀升全球价值链改善分工地位，一个突出目标就是要提升参与分工的获益情况，能够在贸易中获得更高的附加值率。为此，本章计算了2000~2014年44个国家和地区出口附加值率并结合整体出口上游度进行相关性分析，结果显示，出口附加值率和整体出口上游度一直以来都为负向关系，其中在2000年整体出口上游度和出口附加值率的负向关系为 -0.338，且负向关系非常显著，虽然到了2014年负相系数降低到了 -0.117，但负向关系依然没有改变，如表3-5所示。也就是说，从出口附加值率的角度来看出口上游度排名越靠后，出口行业总体上越向全球价值链的下游消费端移动越是有利可图。据此可以看出，中国整体出口上游度排名稳定靠后的缓慢发展趋势的确意味着，在全球价值链分工体系中，中国产业尤其是制造业分工地位的改善，参与分工和贸易的获利能力不断提升。

表3-5 出口上游度与出口附加值率相关系数

年份	2000	2002	2004	2006	2008	2010	2012	2014
相关系数	-0.338**	-0.353**	-0.339**	-0.146*	-0.118*	-0.280*	-0.248*	-0.117*

资料来源：笔者计算，***、**、*分别表示1%、5%、10%的显著性水平。

需要进一步说明的是，随着全球分工贸易深化和细化，融入全球价值链的每一个国家，都将更加专业化于价值链的特定细分环节和阶段，也就意味着生产中将会运用到越来越多的国外附加值投入，各国出口的国内附加值率逐步降低应该是大势所趋,这一变化规律对于中国而言同样如此。但自 2009 年开始中国整体出口上游度指数的提升速度已经慢于全球其他国家(地区),进而导致中国在全球价值链中上游度排名不断趋于下滑,中国出口国内附加值的降速因此也就低于全球其他国家(地区),使得在逆势中中国在全球价值链中的分工相对地位获得了小幅提升。

第三节　基于 Koopman 分工地位指数的考察

一、测算方法与数据

(一) 制造业全球价值链分工地位指数测算方法

如前文所述,全球价值链分工条件下,正确评估制造业全球价值链分工地位需要综合考虑分工环节和价值增值能力两个方面的基本因素,而 Koopman (2010) 提出的全球价值链分工地位指标($GVC\_Position$) 即是综合了前述两个方面的因素。遵循 Koopman (2010) 提出的全球价值链分工地位指标测算的基本原理,从产业层面测度全球价值链分工地位指数以表征制造业全球价值链分工地位的计算公式可表述为:

$$GVC\_Position_{ir} = \text{Ln}\left(1 + \frac{IV_{ir}}{E_{ir}}\right) - \text{Ln}\left(1 + \frac{FV_{ir}}{E_{ir}}\right) \qquad (3-10)$$

其中,r 表示国家,i 表示产业,$GVC\_Position_{ir}$ 表示国家 r 的 i 行业全球价值链分工地位指数。运用该指标表征制造业全球价值链分工地位的基本原理在于:如一国在全球价值链中更多地使用出口中间产品而较少地使用国外的中间产品,此时 IV 大于 FV,$GVC\_Position$ 指数大于 0,表明该国就处于全球价值链的上游环节且具有更强的附加值创造能力。显然,$GVC\_Position$ 指数越大,表明一国在全球价值链分工中的竞争能力越强。如一国在全球价值链中更多地使用国外的中间品而较少地使用出口中间产品,此时 FV 大于 IV,$GVC\_Position$ 指数小于 0,

表明该国处于全球价值链的下游环节且附加值创造能力相对较弱。显然，$GVC\_Position$ 指数越小，表明一国在全球价值链分工中的竞争能力越弱。

根据式（3-10）测算全球价值链分工地位指标以表征制造业全球价值链分工地位，其中有一个必要环节，即需对总值出口运用增加值核算方法进行分解。至于如何分解出口增加值，Koopman（2012）给予了详细的说明。为便于理解，本文对出口增加值分解原理加以简单介绍。假设存在 G 个国家 N 个部门，每个国家的所有产品，既可以在本国也可以在其他国家作为中间品继续参与生产或作为最终消费品被使用，一国总产出可以分解如下：

$$x_s = a_{ss}x_s + \sum_{r \neq s}^{G} a_{sr}x_r + y_{ss} + \sum_{r \neq s}^{G} y_{sr}, r,s = 1,2,\cdots,G \tag{3-11}$$

其中，x_s、x_r 分别表示 s 国和 r 国的总产出，a_{ss}、a_{sr} 分别表示一单位 s 国产出中包含的来自本国的中间品投入量和一单位 r 国产出中包含的来自 s 国的中间品投入量，y_{ss} 表示 s 国对本国最终产品的需求量，y_{sr} 表示 r 国对 s 国最终产品的需求量。式（3-11）右边第二项和第四项相加即为 s 国的总值出口（Es^*）。

式（3-12）的矩阵形式为：

$$\begin{bmatrix} x_1 \\ x_2 \\ \cdots \\ x_G \end{bmatrix} = \begin{bmatrix} I - A_{11} & -A_{12} & \cdots & -A_{1G} \\ -A_{21} & I - A_{22} & \cdots & -A_{2G} \\ \cdots & \cdots & \cdots & \cdots \\ -A_{G1} & -A_{G2} & \cdots & I - A_{GG} \end{bmatrix}^{-1} \begin{bmatrix} \sum_{r}^{G} Y_{1r} \\ \sum_{r}^{G} Y_{2r} \\ \cdots \\ \sum_{r}^{G} Y_{Gr} \end{bmatrix} \tag{3-12}$$

式（3-13）中右边乘积的第一项是一个 $GN \times GN$ 的列昂惕夫矩阵，将该矩阵定义为 B，$B = (I - A)^{-1}$。B 即为完全消耗矩阵。将总值出口矩阵定义为 E，令 E 的对角矩阵为 $\hat{E}s^*$，其余元素皆为 0，E 可以表示为

$$E = \begin{bmatrix} \hat{E}_{1*} & 0 & \cdots & 0 \\ 0 & \hat{E}_{2*} & \cdots & 0 \\ \cdots & \cdots & \cdots & \cdots \\ 0 & 0 & \cdots & \hat{E}_{G*} \end{bmatrix}_{GN \times GN} \tag{3-13}$$

$\hat{E}s^*$ 为列向量 Es^* 的 $N \times N$ 维对角矩阵形式，即对角线元素是 s 国按 N 个部门分解的总值出口。接着，令 $V_j = 1 - \sum_{i=1}^{G} A_{ij}$，1 是 $1 \times N$ 的元素为 1 的行向量。V_j 为 j 国生产的直接价值增值系数，即 j 国生产一单位产出扣除中间投入最终增值的量。那么 G 国 N 部门的直接价值增值系数矩阵可以表示为：

$$V = \begin{bmatrix} \hat{V}_1 & 0 & \cdots & 0 \\ 0 & \hat{V}_2 & \cdots & 0 \\ \cdots & \cdots & \cdots & \cdots \\ 0 & 0 & \cdots & \hat{V}_G \end{bmatrix}_{GN \times GN} \quad (3-14)$$

矩阵 $\hat{V}_j$ 是 V_j 的对角矩阵形式。直接增加值系数矩阵 V、完全消耗系数矩阵 B 和总值出口矩阵 E 的乘积为：

$$VBE = \begin{bmatrix} V_1 B_{11} \hat{E}_{1*} & V_1 B_{12} \hat{E}_{2*} & \cdots & V_1 B_{1G} \hat{E}_{G*} \\ V_2 B_{21} \hat{E}_{1*} & V_2 B_{22} \hat{E}_{2*} & \cdots & V_2 B_{2G} \hat{E}_{G*} \\ \cdots & \cdots & \cdots & \cdots \\ V_G B_{G1} \hat{E}_{1*} & V_G B_{G2} \hat{E}_{2*} & \cdots & V_G B_{GG} \hat{E}_{G*} \end{bmatrix}_{GN \times GN} \quad (3-15)$$

VBE 矩阵 r 行的非对角线元素加总表示所有其他国家向第三国的出口中包含的 r 国中间品间接投入（Indirect Value – add Export，IV）：

$$IV_r = \sum_{s \neq t} V_r B_{rs} \hat{E}_{st} \quad (3-16)$$

VBE 矩阵 r 列非对角元素的加总表示 r 国出口中包含的所有其他国家的增加值投入（Foreign Value – added，FV）：

$$FV_r = \sum_{s \neq r} V_s B_{sr} \hat{E}_{r*} \quad (3-17)$$

VBE 矩阵 r 行的对角线元素，表示 r 国出口中包含的本国增加值内容（Domestic Contents，DC）：

$$DC_r = V_r B_{rr} E_{r*} \quad (3-18)$$

依据上述方法对出口增加值进行分解后，便可根据前述式（3-10）对全球价值链分工地位指数（GVC_Position）进行计算，以表征制造业全球价值链分工地位。

（二）数据来源及说明

本书使用的数据是来自世界投入产出数据库（WIOD）2016 年最新发布的世

界投入产出表,该表包含44个国家(地区)① 56个行业 2000~2014 年的投入产出数据。在 WIOD 划分的 56 个行业中,代码 C5~C22 共 18 个行业为制造业行业,分别为食品、饮料及烟草业(C5),纺织、服装及皮革业(C6),木材加工(家具除外)及木、竹、藤、棕、草制品业(C7),造纸及纸制品业(C8),印刷及出版业(C9),炼焦及石油业(C10),化工产品制造业(C11),医药制品业(C12),橡胶及塑料制品业(C13),其他非金属矿物制品业(C14),基本金属制品业(C15),金属制品业(机械设备除外)(C16),计算机、电子及光学设备制造业(C17),电气设备制造业(C18),机械设备制造业(C19),小汽车、拖车、半挂车制造业(C20),其他运输设备制造业(C21),家具制品及其他制造业(C22)。

二、测算结果及分析

(一)中国制造业全球价值链分工地位指数及演变

依据前文所述的测度方法,我们首先分别从整体和细分行业两个层面,对 2000~2014 年中国制造业整体及细分行业全球价值链分工地位指数进行测度,并明晰其中的变化趋势。测算结果如表 3-6 所示。

表 3-6 2000~2014 年中国制造业整体及细分行业全球价值链分工地位指数

	行业代码	2000 年	2002 年	2004 年	2006 年	2008 年	2010 年	2012 年	2014 年	2000~2014 年年增量
劳动密集型	C5	-0.006	-0.015	-0.024	-0.010	0.021	0.033	0.065	0.078	0.084
	C6	-0.103	-0.114	-0.129	-0.996	-0.092	-0.077	-0.055	-0.042	0.061
	C7	0.057	0.045	0.038	0.089	0.073	0.072	0.099	0.107	0.050
	C8	0.177	0.225	0.292	0.229	0.399	0.233	0.133	0.117	-0.060
	C9	0.200	0.268	0.268	1.073	0.389	0.349	0.356	0.318	0.118
	C16	-0.025	-0.028	-0.064	-0.316	-0.052	-0.055	-0.053	-0.038	-0.013
	C22	-0.067	-0.069	-0.100	-0.522	-0.074	-0.068	-0.056	-0.051	0.016

---

① 文章中的中国仅为中国大陆地区的数据,香港、澳门特别行政区和台湾省的数据均未包含在内。

续表

	行业代码	2000年	2002年	2004年	2006年	2008年	2010年	2012年	2014年	2000~2014年年增量
资本密集型	C10	0.107	0.061	0.027	0.172	0.168	0.150	0.021	0.053	-0.054
	C11	0.095	0.084	0.020	0.049	0.026	0.041	0.043	0.058	-0.037
	C12	-0.007	-0.003	-0.033	-0.235	-0.040	-0.037	-0.030	-0.017	-0.010
	C13	-0.014	0.006	-0.051	-0.337	-0.047	-0.029	-0.009	0.013	0.027
	C14	0.110	0.050	0.001	0.011	0.007	-0.006	-0.008	0.007	-0.102
	C15	0.105	0.163	0.078	0.185	0.086	0.085	0.050	0.045	-0.060
技术密集型	C17	-0.175	-0.191	-0.240	-1.495	-0.238	-0.190	-0.169	-0.141	0.034
	C18	-0.089	-0.081	-0.140	-0.928	-0.133	-0.124	-0.113	-0.097	-0.008
	C19	-0.008	-0.026	-0.091	-0.391	-0.095	-0.091	-0.077	-0.058	-0.050
	C20	0.100	0.128	-0.029	-0.057	-0.046	-0.013	-0.027	0.000	-0.100
	C21	-0.100	-0.087	-0.141	-0.640	-0.138	-0.148	-0.141	-0.100	0.000
制造业整体		-0.069	-0.076	-0.124	-0.124	-0.108	-0.094	-0.078	-0.058	0.011

资料来源：笔者计算，受篇幅限制未展示完整数据，行业代码与行业名称如前文所述，数据备索。

表3-6报告的数据中最后一行是2000~2014年中国制造业整体层面上的全球价值链分工地位指数，其余各行是细分行业层面上全球价值链分工地位指数，并且借鉴邱爱莲等（2016）的划分方法，对细分行业按照要素密集度特征划分为三个组别，即劳动密集型制造业、资本密集型制造业和技术密集型制造业。从表3-6报告的测算结果可以看出，以全球价值链分工地位为表征的中国制造业全球价值链分工地位，其变动趋势具有如下几个重要特征。

首先，从整体层面看，以全球价值链分工地位指数表征的中国制造业全球价值链分工地位，呈现出先降后升的V形发展趋势，而且这种V形变化趋势大体以2008年全球金融危机爆发年份为分界点。具体而言，2000年至2007年以全球价值链分工地位为表征的中国制造业全球价值链分工地位指数呈现明显的下降趋势。这一变化可能与中国加入WTO有关，即"入世"后伴随自由化进程和国内改革进程的不断推进，国内企业参与国际分工的门槛越来越低，大量的企业以"血拼"的低成本竞争方式相继融入全球价值链分工体系，呈现出低端嵌入的典型特征。因此，这一参与国际分工的方式虽然实现了制造业规模的快速扩张，但总体而言，由于身处全球价值链的低端并且附加值创造能力相对较弱，从而在充分考虑价值链分工环节和附加值创造的双重因素后，"血拼式"的竞争方式所带来的一个必然结果就是制造业综合竞争能力的不断下降。但自2008年之后，以全球价值链分工地位为表征的中国制造业全球价值链分工地位指数呈现明显的上升趋势。这种变化可能主要受到三个方面因素的影响：一是2008年全球金融危机后全球经济进入深度调整期，对中国以往粗放型开放发展模式造成巨大冲击，倒逼中国开放型经济发展必须尽快转型升级；二是伴随国内生产要素成本上升的国内因素变化，中国经济进入新常态，也在一定程度上倒逼着中国必须加快攀升全球价值链；三是中国开放发展战略的主动和适时调整。分阶段来看，2008年之后中国制造业全球价值链分工地位指数的上升幅度要高于之前的下降幅度，最终使得2000~2014年中国制造业GVC地位指数总体上升0.011，全球价值链分工地位总体而言有所提升。但2014年GVC地位指数依然为负的事实特征表明，中国制造业整体上由于仍然处于全球价值链低端生产环节并且附加值创造能力相对较弱，全球价值链分工地位似乎仍然不高。

其次，从细分行业层面角度看，表3-6最后一列报告的结果显示，以价值链分工地位为表征的制造业全球价值链分工地位指数表明，中国18个制造业行业在2000~2014年的15年间有超过一半呈现全球价值链分工地位不断下降的趋势，这种情况在资本密集型和技术密集型行业领域表现尤甚。换言之，在资本密集型制造业领域和技术密集型制造业领域，大多行业的全球价值链分工地位均出现了下降趋势。这种情况可能进一步证实了在比较优势的作用机制下，快速全面地融入全球价值链分工体系，使得更多资源向低端环节涌入和集中，从而资本和技术密集型行业的资源配置相对下降，而资源配置不足制约了价值链升级和附加值创造能力，所体现的全球价值链分工地位也就越来越弱。此外，需要特别指出的是，几乎所有的制造业行业在2005~2008年分工地位指数都出现了大幅度的波动，直到2008年以后波动才趋于平稳。如果将观察的起点放在2008年，我们会发现，2008~2014年，除了造纸及纸制品业（C8）、印刷及出版业（C9）、炼焦及石油业（C10）和基本金属制品业（C15）4个行业的GVC地位指数出现下降外，其他行业的价值链分工地位指数均呈现上升趋势。尤其是在技术密集型行业领域，所有细分行业全球价值链分工地位指数均呈上升趋势。这一点不仅与基于制造业整体层面的变化情况是基本一致的，同时也说明了2008年全球金融危机后，中国融入全球价值链分工体系发展开放型经济虽然受到了一定程度的冲击，但受其倒逼等机制的作用，转型升级出现了良好的发展势头，中国制造业全球价值链分工地位水平的提升，不仅表现为劳动和资本密集型领域，更表现在技术密集型领域。

进一步地，如果对比不同要素密集度的制造业行业全球价值链分工地位变化趋势，我们可以发现，具有不同要素密集度特征的中国制造业行业全球价值链分工地位不同，且表现出不同的变化趋势。更确切地说，中国制造业行业全球价值链分工地位指数似乎与制造业技术密集度是呈负向相关性，突出表现为中国制造业行业的全球价值链分工地位指数总体上按照劳动密集型、资本密集型和技术密集型的顺序表现为下降趋势。但从变化趋势来看，尤其是从2008年之后的发展趋势来看，制造业全球价值链分工地位的提升速度在技术密集型行业领域表现得更为明显。尽管如此，我们必须清晰地看到，2014年中国劳动密集型和资本密集型制造业行业，以GVC地位指数表征的全球价值链分工地位多数是大于零的，而在技术密集型制造业，以GVC地位指数表征的全球价值链分工地位几乎全部小于零。这一情况说明，中国技术密集型制造业主要是以进口国外中间品进行加工组装的方式融入全球价值链，而在劳动密集型和资本密集型制造业领域，中国以中间品供应方角色融入全球价值链的趋势已较为明显。

（二）中国制造业全球价值链分工地位指数的国际比较

以上分析还只是从中国单一的绝对角度考察中国制造业全球价值链分工地位及其变化趋势。由于指标指计算的特殊性，其所得结果可能更适合于分析全球价值链分工地位的变化趋势，而很难确切说明全球价值链分工地位所处的具体地位。比如根据式（3-10）测度的制造业全球价值链分工地位指数，可能对于大多数国家和地区来说都会出现小于零的情况，其本身可能并非意味着全球价值链分工地位处于比较劣势地位。所处实际地位不能单纯根据测算结果进行独立观察，而应该置于国际比较的角度进行再认识。为了进一步深入了解中国制造业在全球价值链中的真实竞争力状况，有必要将中国制造业全球价值链分工地位指数与其他代表性国家和地区进行横向比对。利用前文所述方法和数据库，我们同时测算了数据库中除中国之外的所有其他样本国家（地区）2000~2014年制造业全球价值链分工地位指数，所得结果如表3-7所示。

表3-7 中国制造业全球价值链分工地位指数的国际比较

国家	GVC-P指数值		DC（百万美元）		DC份额（百万美元）		IV（百万美元）		FV（百万美元）	
	2000年	2014年	2000年	2014年	2000年	2014年	2000年	2014年	2000年	2014年
中国	-0.069 (9)	-0.063 (6)	108246 (4)	927970 (1)	54.34 (4)	46.52 (6)	20323 (8)	211746 (1)	35898 (12)	342982 (2)
澳大利亚	-0.063	-0.681	17118	28023	43.91	38.95	5132	7740	8086	16914
奥地利	-0.142	-0.201	24072	54525	45.67	37.31	8353	22989	17243	60208
比利时	-0.244	-0.347	33711	54719	31.15	24.19	11476	21698	44224	126855
保加利亚	-0.231	-0.304	239	4285	29.22	25.29	91	1510	325	8260
巴西	-0.042	-0.061	18089	47295	39.64	32.23	4222	12982	6124	23486
加拿大	-0.232	-0.205	86147	115359	42.52	41.10	12110	24678	68465	93507
瑞士	-0.143	-0.152	30016	88463	50.50	48.81	8401	25132	18353	59597
塞浦路斯	-0.261	-0.212	166	448	33.66	46.55	25	115	182	360
捷克	-0.158	-0.258	8242	41189	44.38	31.19	2825	17926	6558	63380
德国	-0.067	-0.059	227323	579134	48.66	44.14	65110	184699	110076	383427
丹麦	-0.159	-0.213	16154	30488	46.48	40.40	3467	7594	10098	26391
西班牙	-0.160	-0.231	38181	88097	41.28	33.69	9679	26830	27952	101345
爱沙尼亚	-0.218	-0.317	453	2971	37.89	26.75	137	1083	470	5672
芬兰	-0.112	-0.215	20160	25219	46.35	33.24	5996	9441	11576	28838
法国	-0.146	-0.185	98532	161859	38.75	35.56	27237	50739	70103	154736
英国	-0.062	-0.067	105949	140394	45.66	45.79	32410	45142	50361	90013
希腊	-0.121	-0.277	1976	5761	44.69	23.17	676	2415	1330	11076
克罗地亚	-0.132	-0.146	1408	4215	45.29	37.63	388	1368	856	3411
匈牙利	-0.350	-0.350	5882	23461	29.10	26.70	1722	9149	10907	50216
印度尼西亚	-0.092	-0.079	23353	65652	43.59	44.09	5464	18513	11295	30427
印度	-0.051	-0.173	14097	67634	39.80	29.08	3345	18879	5505	67521
爱尔兰	-0.273	-0.319	20756	42729	36.81	38.93	5345	10975	24428	57225
意大利	-0.079	-0.133	87789	181926	42.51	38.45	22520	57466	42827	133112
日本	0.071	-0.061	254043	331004	61.65	49.58	71933	100544	40220	171456
韩国	-0.141	-0.188	78810	252984	46.73	42.24	23447	79245	53157	221224

续表

国家	GVC-P 指数值		DC（百万美元）		DC 份额（百万美元）		IV（百万美元）		FV（百万美元）	
	2000 年	2014 年	2000 年	2014 年	2000 年	2014 年	2000 年	2014 年	2000 年	2014 年
立陶宛	-0.166	-0.279	848	6374	44.46	33.55	208	2017	590	8939
卢森堡	-0.265	-0.368	1578	2182	36.05	26.79	699	996	2213	5103
拉脱维亚	-0.132	-0.228	397	2376	41.22	35.23	123	773	272	2450
墨西哥	-0.292	-0.281	51721	101160	38.67	35.51	5522	15081	51895	112982
马耳他	-0.362	-0.337	396	557	30.89	36.63	93	141	686	806
荷兰	-0.169	-0.395	38139	74012	34.84	28.61	12263	30101	34670	130977
挪威	-0.081	-0.115	8948	16871	40.22	33.32	3467	7044	5497	13702
波兰	-0.135	-0.179	12195	56801	38.92	35.73	3623	22708	8593	59333
葡萄牙	-0.183	-0.232	6187	14974	39.74	32.02	1431	4963	5030	18562
罗马尼亚	-0.161	-0.113	3043	16946	40.13	43.90	784	6870	2218	12052
俄罗斯	0.135	0.142	20247	78102	69.27	53.86	8553	39436	3910	15258
斯洛伐克	-0.221	-0.339	2105	15569	35.41	26.09	804	6762	2454	33879
斯洛文尼亚	-0.171	-0.219	2656	8419	44.37	39.03	742	3323	2006	8874
瑞典	-0.143	-0.149	36039	58205	43.70	40.94	11061	21675	24873	47914
土耳其	-0.083	-0.181	20082	70316	47.63	34.50	4186	19548	7916	63454
中国台湾	-0.223	-0.191	57661	119944	41.09	41.04	18679	57021	58257	132097
美国	0.084	0.011	354745	566309	60.86	54.03	126499	192466	72129	177434
其他地区	-0.235	-0.168	238300	601178	37.29	33.18	52125	188779	227107	570239

资料来源：笔者计算，括号中为中国相应指标在样本经济体中的排名（除其他地区）。

将表 3-7 中的数据进行对比可以发现，从整体层面看，中国制造业在全球价值链中的全球价值链分工地位指数排名在样本观察期间内，已经从 2000 年的全球第 9 位攀升到了 2014 年的全球第 6 位。2014 年以全球价值链分工地位为表征的制造业全球价值链分工地位指数排名前五的分别为俄罗斯（0.142）、美国（0.011）、德国（-0.059）、巴西（-0.061）和日本（-0.061），而且俄罗斯和美国也是制造业全球价值链分工地位指数大于零的仅有的两个国家。出现这种情况与前文对解释的式（3-10）测算原理有关。客观而言，俄罗斯和巴西并不算制造业强国，但是这两个国家作为资源出口型国家，其国内丰富的能源矿产资源使其国内制造业可以不需要大量进口国外资源用于投入生产，因而基于前述式

(3-10)测算出的指标值相对就会较高。至于美国,虽然人均资源丰富度低于俄罗斯,但在高技术制造业领域,美国凭借其常年的技术积累,在全球价值链的高技术领域中多以中间品提供者的角色主导着全球价值链,与此同时,美国劳动力结构在发达国家中也相对年轻,不需要依赖大量的国外劳动服务投入,由此决定了其以价值链分工地位表征的制造业全球价值链分工地位指数值就会相对较高。德国和日本的情况也较为类似。由此可以看出,资源和高端中间产品的研发投入是决定全球价值链分工地位乃至全球价值链分工地位的关键因素。抛开自然资源禀赋这一特殊情形不论,专业化于全球价值链中高端环节中间产品的生产和供给,对于全球价值链分工地位的决定和提升具有极为关键的意义。相对而言,中国制造业确实处于全球价值链的中低端,而这种惯常认识确实是基于与美国等制造业强国相比,形成了中国制造业全球价值链分工地位大而不强的基本共识。当然,当前全球价值链分工体系主要是由少数发达国家跨国公司主导的,而被纳入其分工网络的其他国家和地区,多数均以被整合者的身份参与其中,由此所决定的分工地位差异性可能并不是太大。因此从更为宽泛的范围进行比较来看,如果排除美国、德国等少数制造业强国不论,依据上述测算结果可以发现,中国制造业在全球价值链分工中的全球价值链分工地位确实得到了较快的提升。这不仅得益于中国在融入全球价值链分工体系中实现的规模的快速扩张,体量之大下的工业部门门类齐全也是决定竞争力的重要因素,因为产业配套能力不仅具有外部规模经济的重要作用,而且在投入产出关系中对中间投入品的需求也会相对弱化对外部市场依赖。

如前文所述,分工环节和附加值创造能力,是全球价值链分工条件下决定制造业全球价值链分工地位的两个关键因素。因此,对于上述分析结果,我们还可以从附加值创造能力角度给予进一步分析和提供佐证。附加值创造能力是出口国内内容,主要指一国出口中包含的国内增加值含量,是衡量一国全球价值链分工地位的另一个重要指标,该指数越高出口中包含的本国增加值越多,全球价值链分工地位也越高,从而意味着在全球价值链中的竞争能力就越强。观察表3-7中的制造业出口中的国内内容和国内内容占比指标可以发现,从绝对量的角度看,中国制造业出口中的国内内容总量已经从2000年的全球第4位上升到了2014年的全球第1位,表明附加值创造能力确实在不断提升,在全球价值链中的竞争能力越来越强;从相对角度看,中国制造业出口中的国内内容占比却从2000年的第4位下降到了2014年的第6位。变化虽然不大,但从相对角度看,制造业全球价值链分工地位似乎有弱化趋势。进一步观察可以发现，导致出口国内内容总量上升但占比下降的原因主要在于，伴随总规模不断扩大的同时，中国制造业生产中使用的国外中间品投入（FV）增长过快，2000~2014年该指标增长了9倍，增速全球第七，同期的出口国内内容仅增长了8倍。实际上，从表3-7所示的其他样本国变化情况来看，这种变化趋势并非中国特有现象，而是许多国家和地区所经历的共同现象。之所以出现这一现象，可能是与全球价值链的不断分解有关，即犹如联合国贸发会议的一项调研报告指出，分工细化导致全球价值链长度在不断变长，从而每个国家（地区）专业化的链条比重都会越来越短。 因此这种变化表面上似乎说明制造业国际竞争呈弱化迹象，然而其实不然，从比较的角度看可能说明制造业全球价值链分工地位有进一步提升。这一判断可以从另外一个值得庆幸的发现中得以说明，即伴随中国制造业生产中大量使用国外中间品进口的同时，国外出口中包含的中国中间品（IV）增长也呈现快速增长之势，2000~2014年增长了9.4倍，增速仅次于保加利亚（15.5倍），位列全球第二。因此，综合来看，出口国内内容占比下降的变化趋势，并没在本质上影响中国全球价值链分工地位的提升，在价值链条不断分解情况下反而意味着全球价值链分工地位的进一步提升。总之，与制造业强国相比，中国制造业在全球价值链确实处于中低端，但分工地位呈现明显的上升趋势。

第四节 简要结论及启示

一、主要结论

本章在对Antràs等（2012）提出的上游度测算方法进行改进的基础上，利用WIOD提供的基础数据，测算了包括中国在内的44个国家（地区）56个行业2000~2014年行业上游度和出口上游度。在此基础上，通过与全球平均水平的

---

① Global Value Chains and Development: Investment and Value Added Trade in the Global Economy [M]. United Nations Conference on Trade and Development, 2013.

对比研究,对中国产业尤其是制造业发展在全球价值链所处真实分工地位及其演进趋势进行分解分析。结果表明:①在不考虑附加值而仅从物理定位角度看,中国行业上游度平均水平高于全球平均水平,且过半数行业的行业上游度依然呈现上升趋势,说明基于物理定位视角考察中国产业尤其是制造业在全球价值链中的分工地位的确处于中低端水平,并且有进一步恶化的发展趋势。②充分考虑物理定位和经济定位即附加值创造能力的双重影响后,出口上游度指数的测算结果显示,中国整体出口上游度指数与全球出口上游度指数相比,其排名具有稳定向后的发展趋势,即中国产业尤其是制造业在全球价值链中的分工地位是趋于改善的。进一步从行业角度看,中国产业尤其是制造业总体分工地位的改善主要来自制造业价值链分工地位的改善,服务业价值链分工地位趋于恶化,只不过前者改善的幅度可能高于后者恶化的幅度,从而在导致整体上中国产业尤其是制造业的全球价值链分工地位依然趋于提高。出口上游度与出口国内附加值率相关性统计分析检验结果表明,两者一直以来都为负相关关系,说明出口上游度指数的下降的确能够提升以国内附加值率为表征的产业链分工地位的提升。

二、政策启示

虽然中国产业尤其是制造业在全球价值链分工中的地位总体呈改善趋势,但鉴于中国制造业上游度排名长期稳定在全球价值链较高位置,这一状况说明中国制造业在全球价值链上确实处于中低端水平;而具体到服务业,其在全球价值链分工中的地位更是不容乐观。因此,进一步提升中国产业尤其是制造业在全球价值链中的分工地位,以获取更高的附加值率,推动制造业产业结构调整和服务业大发展,仍然是一项非常艰巨的任务。值得注意的是,由于出口上游度与出口国内附加值率呈负相关关系,提升中国产业尤其是制造业的全球价值链分工地位,应该着力促进产业向下游发展。相比于制造业而言,服务业的上游度更低,因此推动服务业发展对于调整优化中国产业尤其是制造业结构,进而提升在全球价值链中的分工地位,确实具有重要的战略意义。概而言之,中国要摆脱全球价值链中低端分工地位,实现价值链升级,不仅要在推动制造业转型升级过程中提升制造业出口国内增加值,更应该以发展服务贸易为抓手,促进服务出口,通过双管齐下切实提升中国在全球价值链中的分工地位。

第四章 制造业服务化与价值链攀升的传统理论阐释及其修正

有关制造业服务化对价值链攀升的影响,虽然现有相关文献所得出的结论和观点基本一致,即制造业服务化对制造业攀升全球价值链有积极的推进作用,但是这种研究结论和观点主要是建立在服务业封闭发展情形基础之上的。换言之,对制造业服务化的讨论或者说其发展路径的分析,并没有考虑到使用服务投入的国内外来源结构和差异问题,存在着服务投入只来自于国内服务要素的假定。然而,当全球价值链分工演进拓展深化至服务业领域时,服务业发展局限在一国国内的发展格局,需要冲破国界而延伸至全球市场。由于服务业发展不再封闭而具有开放和全球化特征,因此,制造业服务化发展所需要的服务投入要素也不再局限于使用一国国内服务要素,同样可以使用国外服务要素。因为服务投入从来源国角度看具有多元化特征,从而制造业服务化对价值链攀升的影响与传统理论在原有假定下所得出的结论可能并不相同。在新国际分工条件下,制造业服务化是否能够促进价值链攀升,传统理论需要进行必要修正。

第一节 传统理论及其阐释

针对制造业服务化对价值链攀升影响的传统理论解释,刘志彪(2008)曾做过较为系统的梳理并进行了适当拓展,其研究成果具有相当的代表性。[①] 因此,

---

① 刘志彪. 生产者服务业及其集聚:攀升全球价值链的关键要素与实现机制 [J]. 中国经济问题,2008(1):3-12.

本节对传统理论及其阐释的介绍主要就是遵循刘志彪研究中的理论梳理及其拓展而进行。

一、传统理论及其发现

作为一个独立的产业部门，生产者服务业以其强大的支撑功能，已经成为制造业增长的重要牵引力和推进器，甚至有研究认为生产者服务业是制造业起飞的翅膀和聪明的脑袋。因为理论研究表明，生产者服务业之所以能够提高产业竞争力尤其是制造业国际竞争力，是与生产者服务业进入制造业生产过程后，该制造业产出中因此含有密集的难以竞争、难以模仿以及可持续创造价值的高级要素密切相关。关于这一点，加拿大经济学家格鲁伯和沃克（1989）的研究做出了较为经典和有说服力的阐释。他们的研究结论认为，生产者服务业是把社会中日益专业化的人力资本和知识资本导入商品和服务生产过程的飞轮，因此，生产者服务业在相当程度上构成了高级生产要素进入生产过程的通道，所以，生产者服务业能够提高商品和服务生产过程的运营效率、经营规模以及其有利于提升其他生产要素的效率水平，并同时增加其他生产要素的产出价值。这一论断被后来很多的实证研究所证实。比如，以 20 世纪 90 年代 OECE 国家为样本开展的一系列实证研究中，有研究发现，当考察生产者服务业国际竞争力和国际专业化的决定问题时，计量检验结果发现，一个国家的制造业和生产者服务业发展之间存在着重要的正向联系。①

从制造业生产成本角度看，江静等（2007）的研究认为，生产者服务专业化分工和规模的扩大一方面促进了生产者服务业自身效率提高，另一方面作为高级要素投入降低了制造业的生产成本。② 服务业的专业化分工导致的服务产品差别化在一定程度上使其处于垄断竞争的格局，可以增强其定价能力。然而，考虑到服务的不可分性，从总体上来说，专业化分工带来的服务业规模扩大提高了服务业本身的效率，最终导致制造业单位成本的下降。

---

① Martin Andersson. Co - location of Manufacturing & Producer Services – A Simultaneous Equations Approach. CESIS Electronic Working Paper Series，Paper No. 8，2004.

② 江静，刘志彪，于明超. 生产者服务业发展与制造业效率提升：基于地区和行业面板数据的经验分析 [J]. 世界经济，2007（8）：52 – 62.

从生产者服务化与制造业的互动关系上看,传统的理论研究成果较为丰富。对此,高觉民和李晓慧(2011)曾做出较为系统和全面的归纳。 他们的归纳研究指出,中外一些学者的研究大致包括如下几个方面。首先,两者具有互动性质。从根源上看,两者的关系是以中间性服务的投入建立起来的,进一步讲,这种投入的分工化使生产性服务业成为生产者财富形成过程的中介;从表现形式上看,生产性服务业与制造业之间存在相互作用、相互依赖、共同发展的互动关系(Se – Hark Park 和 Kenneth,1989;Se – Hark Park,1999;Guerrieri 和 Meliciani,2005)。这些研究有 Jones 和 Kierzkowski(1990)的生产段和服务链理论、Markusen(1989)的服务部门内部专业化(内部积聚)理论和 Francois(1990)的外部专业化(即强调服务业在协调和连接各专业化中间生产过程中的外部积聚作用)理论。制造业的发展、分工的深化促进了生产性服务业的发展,主要因为它是服务业产出的重要需求部门(Cohen 和 Zysman,1987;Klodt,2000),而制造业细分的结果导致更多的生产性服务需求。Markusen(1989)运用数理方法证明,随着市场扩张,厂商数目和生产规模会扩大,分工更加细化,使生产性服务业与制造业不断分离,从而促进了生产性服务业不断发展。Francois(1990)指出,在经济全球化、企业国际化进程中,企业规模得以扩大,有利于劳动分工深化,从而获得规模经济和专业化经济。其次,生产性服务业在互动过程中对制造业效率提高具有前提性和基础性。Markusen(1989)指出,生产性服务业通过提供专业化服务,有利于制造业降低成本,提高效率。Eswaran 和 Kotwal(2002)认为,服务部门的扩张通过两种途径促进制造业发展,一种是促进专业化和分工深化;另一种是降低投入到制造业的中间服务成本。服务分工深化和服务种类的增加将有效降低制造业的生产成本。顾乃华等(2006)还通过理论分析提出,在中国经济转型期,发展生产性服务业有利于提升制造业的竞争力。吕政等(2006)在对两者互动关系内在机理、归纳和比较国际经验的研究基础上分析了中国生产性服务业的瓶颈,提出消除进入壁垒、促进分工与产业关联、推动服务业创新、优化区域产业布局等建议。上述研究均在一定程度上贡献了制造业服务化对制造业发展的影响。可惜的是,他们并没有针对价值链攀升做出专门探讨。

---

① 高觉民,李晓慧. 生产性服务业与制造业的互动机理:理论与实证[J]. 中国工业经济,2011(6):151 – 160.

二、传统理论分析拓展

从制造业服务化促进价值链攀升角度开展的理论探讨,刘志彪教授在传统理论阐释的基础上做出了进一步探讨。刘志彪教授(2008)的研究指出,生产者服务业尤其是现代生产者服务业中的高级生产者是奠定制造业和其他服务业竞争力的基础。所谓生产者服务业,主要是由那些与知识的生产传播和使用密切相关的行业组成,比如金融保险、信息通信技术、商务服务,包括研发服务、创意服务、设计服务、企业咨询服务、工程技术服务、知识产权服务等。概括起来,生产者服务业对制造业产业结构优化和全球价值链攀升的作用机理,可以从物质投入、企业行为、企业管理模式和制度安排四个层面进行分析。

第一,从物质投入的层面看,高级生产者服务业所内含的各种无形的隐含性高端生产要素通常是制造业投入成本的重要组成部分。这种高端生产要素投入,通过软件切入硬件,特别是嵌入机器设备这类工作母机,从而有助于装备制造业产品性能的提升,以及提升用其所制造的产品国际市场竞争力。在现代全球价值链分工格局下,制造业国际竞争力通常并不在制造业生产过程本身,而在于制造业生产过程投入的高级生产者服务业数量和质量。高级生产者服务业所围绕的各种产品研究与开发服务,如产权的市场与定位调研服务等、研发中的设计服务、创意模具服务等;生产中的工程技术服务、设备租赁服务等;营销中的物流服务、网络品牌服务、出口服务等,都具有增强产品差异化和区分竞争对手的作用,从而强化企业的定价能力和控制市场的能力。制造业企业在生产经营和资本经营中的各类生产者服务,如金融服务、企业管理、咨询服务、法律和知识产权服务等,对于提高企业的战略清晰度、增加市场份额、收购兼并成长等往往具有决定性的作用。

第二,从企业行为层面看,一般来说,制造商和生产者服务提供商之间是一种客户和供应商的关系,不仅存在着邻近作用,而且高级生产者服务业的组织结构影响制造业对这些服务的需求。同时,制造业的组织结构也影响生产者服务的供给。因此从服务提供商那里获得服务的成本,随着双方距离的增加而上升,例如会议的旅行时间和联系的频率等。Ceffey 和 Bailly(1991)强调在发达国家,中间需求服务生产是潜在的最昂贵的部分,一方面是保持与服务提供商面对面交流的成本，另一方面是服务的投入和市场成本。这种推理意味着，制造商可以从与生产者服务生产的协同定位行为中获得巨大的好处。Coe（1990）指出，生产者服务厂商也可以从定位于邻近制造业厂商的行为而获得大量利益，因为制造业厂商为它们创建了巨大的市场。

第三，从当代企业管理模式的演变看，现代制造企业正按照产品内国际分工的原则充分地走向扁平化、柔性化和精细化。在这种全球产品内分工体系下，产业升级不再表现为产业的整体升级和完整的产品价值链升级，而是表现为某一产品价值链的某一功能环节、某一生产阶段、某一工艺流程、某一技术特征的升级。如果这一命题成立的话，那么在经济全球化和外包条件下，为了推进产业升级，就必须在当代企业管理模式中，努力实现某一产品价值链的功能环节、某一生产阶段、某一工艺流程、某一技术特征在专业化基础上的规模经济。如果把自己所不擅长的或者不具备比较优势的那部分专业外包出去，除了更加聚焦于自己的核心业务，由相关的专业外包公司提供更加专业优良的服务，这就降低了企业的成本，从而促进制造业的进一步发展。由于制造业的发展，反过来又会对生产性服务业提出更高的要求，产生推拉效应，从而形成相互促进的发展态势，使得这些地区在知识溢出、劳动力质量、环境设施各方面将明显高于其他地区，成为制造业投资特别是外商投资的重点选择区域，最终形成双赢的局面。

第四，从良性的制度安排、降低交易成本的角度看，高级生产者服务业既是制造企业制度环境的重要部分，又为制造企业创造新的适宜竞争的制度环境，因此，高级生产者服务也体现为制造业企业的制度成本和交易成本。当地方性产业集群中具备优良的生产者服务业条件时，即生产者服务显示的交易成本低于制造企业内部的管理成本时，企业的部分业务就会外包出去，如信息服务业的发展促使互联网步入成熟阶段，信息以及通信成本的下降可以减少企业从市场上获得服务的交易成本，有利于企业的外包行为。制造业企业通过外购，不仅可以降低交易成本，克服公司内部的零件和服务生产者缺乏改进商品和服务质量动力的问题，而且可以有效地控制风险。企业采取商务活动外包这种组织生产的方式可以极大地促进生产性服务业的发展，而且随着生产过程的迂回化和柔性化，在生产的每一个阶段都需要专门知识的专家来进行计划、调控、评估等，才能使生产有效率地进行。随着金融咨询、法律工程技术以及其他领域的活动日益专业化，其专业化的程度使得规模再大的制造业企业也无法在其内部独自提供这些知识。科技进步促使了专业化分工,使得生产性服务业从制造业中分离出来,制造业自身的发展壮大又给生产性服务业以极大的发展空间。

总之,高级生产者服务业对制造业的投入相当于波特竞争理论中所说的专业化的高级要素,它能够大幅度地提高国家生产率,从而成为全球价值链下提升一国制造业发展水平的关键要素。

第二节 新国际分工下传统理论的局限性

如果说传统理论分析和阐释的理论逻辑确实成立,那么总结以上理论分析可以看出,制造业服务化对制造业全球价值链分工地位的提升可能主要来自于两个方面:一是分工细化导致制造业生产环节自身更加专业化,专注于制造业核心环节有利于提高制造业效率和增值能力,从而对分工地位提升具有积极作用。二是作为中间投入的服务,其本身通常多表现为高端生产要素,从而具有较高的价值增值功能和附加值创造能力,甚至在制造业生产过程中起着主导作用,因而投入越多,对制造业生产效率和总体价值增值能力影响越大,决定着价值链分工地位。从实践经验看,依托服务优势强化对制造业产业链的控制,甚至成为当前产业发展的一个重要趋势。比如,谷歌高调进入机器人领域、互联网技术对制造业的入侵以及云计算对制造环节的接管等,均是依托服务而对制造业产生足够影响力甚至控制的有力证明。排除前一种作用不论,就后一种而言,上述理论逻辑背后其实有一个重要假定,那就是作为中间投入的服务主要来自于一国国内。

一、传统理论忽视服务价值链分工

从上述分析可见,已有研究文献在探讨制造业攀升全球价值链时主要聚焦于制造业本身,却忽视了价值链分工中服务全球化和碎片化问题,也就是说探讨制造业全球价值链攀升,默认全球价值链分工主要发生在制造业领域,而在服务业领域的发展是不足的。当然,出现这一忽略性问题的主要原因是,长期以来,相对于制成品贸易而言,服务的可贸易性确实比较弱。突出表现在全球贸易结构中,货物贸易一直占据主导地位,而服务贸易比重相对较小。即便服务贸易存在,长期以来也一直是依附于货物贸易而缺乏足够的独立性。比如,运输服务贸易、保险服务贸易等就是依附于货物贸易而发展的。因此,在全球价值链分工条件下,或者说在全球价值链分工主要发生在制造业领域条件下,即便有服务进入制造业生产过程,但是服务的功能也主要局限于链接不同制造业环节和阶段的黏合剂,自身的功能及其价值创造并没有受到足够的重视。这种情况在全球价值链分工演进的初始阶段,或者说价值链分工主要发生在制造业领域时,确实是一种事实,服务贸易发展不足尤其是其参与全球价值链的滞后,还不足以引起足够的重视。

然而,上述情况正在逐步发生变化。自20世纪80年代以来,伴随经济全球化的深入演进、通信信息技术革命的迅猛发展及其广泛应用,全球范围内的产业结构不断调整和优化升级,尤其是发达经济体产业结构的不断软化以及发展中经济体也正在努力发展服务经济,加之多边和双边贸易协定下服务贸易规则的推行,服务业通常只局限于一国国内的传统发展模式被打破,由此推动了全球服务贸易正以超过货物贸易的增速在迅猛发展,从而使得全球贸易结构正逐步向服务贸易倾斜。据联合国贸发会议统计数据库(UNCTAD Statistics)提供的统计数据显示,1980年世界服务出口总额仅为0.39万亿美元,占同期世界货物出口总额之比为19.3%,而到2013年世界服务出口总额则已攀升至4.62万亿美元,增长约11.85倍,占同期世界货物出口总额之比相应上升至24.56%。从全球产业链的构成来看,在越来越多的"服务"变得可贸易。同时,与制成品国际生产分割(International Fragmentation of Production)发展趋势一致,服务的全球价值链也得到了快速拓展①,即服务提供流程的不同阶段和环节被日益分解,并被配置和分散到具有不同要素禀赋优势的国家和地区,服务业正呈现出全球化和碎片化的重要发展趋势。在此背景下,仍然将全球价值链的分析局限于制造业而忽略服务业,显然已不合时宜。因为服务投入已经不仅是制造业环节和阶段的简单黏合剂,更重要的是已经成为全球价值链中的重要一环甚至成为主要的增值环节。因

---

① Sturgeon Timothy J, Johannes Van Biesebroeck. "Effects of the Crisis on the Automotive Industry in Developing Countries a Global Value Chain Perspective". Policy Research Working Paper, No. 5330. Washington, D. C.: World Bank, 2010.

此，对制造业攀升全球价值链问题的分析，忽略服务参与全球价值链从而带来服务嵌入问题，显然会使分析结论有失偏颇。

二、传统理论未有效区分服务投入国别来源

正是由于对服务业全球价值链关注不足，或者说服务业全球价值链还没有进入研究者的视野时，对制造业服务化的发展路径分析，或者说制造业如何实现服务化，传统的理论分析显然也就聚焦于国内服务业的发展。无论是从制造业服务化的需求拉动效应看，或是从分工演进尤其是技术进步所形成的推动效应看，还是从制造业和服务业尤其是生产者服务业的互动发展看，对服务投入的来源分析基本不涉及跨国问题，服务发展局限在一国国内成为一个不言而喻的假定条件。当然，这种假定在服务业发展上没有突破国界从而延伸到国际市场时，也是符合实际的，具有合理性和适用性。但是，一旦当服务业发展边界突破一国边界从而走向国际市场时，尤其是服务业价值链成为全球价值链中的重要组成部分时，不言而喻的假定条件也就不再成立。将制造业服务化的发展或者说制造业服务化所依托的服务业发展仅仅聚焦于国内服务业，显然面临着较大的局限性。

这是因为当价值链分析从制造业拓展至服务业时容易理解，制造业服务化过程中的服务投入，从来源国别结构上看，不再局限于本国服务供给，甚至可以说在服务业全球化和碎片化的价值链分工体系下，服务投入的来源国别多元化是一种必然。一国服务业发展不足，在服务业渗入全球价值链分工条件下，并不一定成为制约制造业发展的关键因素，因为此时制造业服务化所需要的服务投入可以通过进口加以满足，通过发挥比较优势在互通有无或者取长补短中弥补自身服务业发展不足。当然，一国服务业尤其是生产性服务业发展，也不再仅仅满足于本国制造业发展对服务投入的需求，同样可以通过出口而满足国外制造业服务化过程中对服务投入的需求。也就是说，当全球价值链分工拓展和深化至服务业领域时，服务要素的使用具有全球性特征，服务的供给和需求也有全球性特征，这不仅破除了某一个国家和地区生产性服务业发展不足，或者是某种和某几种生产性服务业发展不足，对制造业服务化发展所形成的制约作用，从而加速制造业服务化的进程，更为重要的是，从制造业服务化本身来看，由于其服务要素使用的全球性特征，从而制造业服务化发展的路径与传统条件下相比也大相径庭。服务投

入的国别和地区来源结构表现为更加多元化,进入制造业生产领域的服务要素,已经从以往仅仅来自于国内提供拓展至全球供给。

总之,当全球价值链分工拓展至服务业领域时,从国别和地区来源结构上看,制造业服务化过程中的服务投入既可以依托国内服务要素的供给,也可能依托国外服务要素的供给,或者是同时融合国内外服务要素而实现的制造业服务化发展。

第三节 传统理论的修正

如果制造业附加值增值能力和全球价值链分工地位由服务投入决定,那么当全球价值链分工拓展深化至服务业领域时,由于制造业服务化的服务投入具有全球性特征,从而对制造业价值链分工地位的影响,也将有别于传统条件下制造业服务化的服务投入来自于国内服务业的清晰。

一、服务投入的全球性情形

当制造业服务化过程中服务投入来源具有全球性特征时,这种情形显然意味着制造业服务化对全球价值链分工地位的影响具有不确定性。通常而言,制造业全球价值链分工地位主要表现为两个方面:一是参与全球分工的增加值创造能力;二是对价值链的掌控能力。当然,上述两个方面的能力并非相互孤立,通常具有较高的相关性,即较高的掌控能力通常意味着控制较高的附加值增值环节,而较高的增加值创造能力通常也意味着对价值链的掌控能力较强。但是无论从哪一方面看,考虑到服务投入来源的国别多元化以后,制造业全球价值链真实分工地位都必须予以重新评估。从增加值创造能力角度看,因为服务投入是增加值甚至是高附加值的主要来源,因此,由这一部分创造的价值增值不仅来自于国内服务投入,同样也来自于国外服务投入。因此制造业参与全球价值链分工体系而创造的真实附加值,必须剔除国外服务要素所贡献的部分。正如张幼文等在研究中国贸易竞争力时所指出的,因为最终产品是"要素国际合作型专业化"的结果,因而必须从要素收益角度去评估一国外贸真实竞争力。① 同样地，从对价值链掌控能力来看，由于制造业在全球价值链分工体系的地位取决于服务投入，或者说服务投入对价值链的控制，那么这种控制力既可能来源于国内，也可能来源于国外。显然，来源于国外服务投入所形成的价值链掌控能力，实质上体现的并非是本国制造业全球价值链分工地位，而是本国制造业价值链分工地位的一种弱化乃至被锁定。据此可见，考虑到包括服务业在内的全球价值链分工条件后，由于服务投入的来源国别多元化，制造业服务化对制造业全球价值链分工地位的影响具有不确定性。据此，我们给出理论假说1。

理论假说1：不区分服务投入来源的国别结构，笼统地考虑制造业服务化对制造业全球价值链分工地位的影响具有不确定性，制造业服务化程度的提高未必就会逻辑地带动制造业全球价值链分工地位的相应上升。

二、服务投入的本土性情形

上述分析所揭示的不确定性，其实正是根源于制造业服务化过程中，来自国内服务投入和国外服务投入的差异化影响。更确切地说，基于国内服务投入增加的制造业服务化，无论是从附加值创造能力提升角度看，还是从对价值链掌控能力提升角度看，其作用都是积极和正向的。这一点正是传统理论所揭示和解释的情形。也就是说，如果一国制造业服务化发展所依托的是国内服务业的支撑、所采用的纯粹是国内服务投入，那么制造业服务化所能产生的全球价值链攀升效应，与传统理论所揭示的情形并无差异。问题的关键在于，在全球价值链分工拓展至服务业领域时，制造业服务化过程中的服务投入不可能只来源于国内服务投入，一定会融合有来自国外的服务投入。因此，在包括服务业全球价值链分工背景下，此处所指的服务投入本土性情形，主要是指在制造业服务化的测度过程中，剔除国外服务投入来源部分，而仅仅考虑进入制造业过程的本土服务部分。也就是说，由本土服务投入所引致的制造业服务化发展水平和程度。仅就这一部

---

① Sturgeon, Timothy J, Johannes Van Biesebroeck. "Effects of the Crisis on the Automotive Industry in Developing Countries a Global Value Chain Perspective". Policy Research Working Paper, No. 5330. Washington, D. C.：World Bank, 2010.

分而言,其对制造业攀升全球价值链的作用机制和机理可以用传统理论所阐释。据此,我们给出了理论假说2。

理论假说2:依托于国外服务投入增加的制造业服务化,对本国制造业全球价值链分工地位的影响具有消极性,制造业服务化程度的提高反而会抑制制造业全球价值链分工地位的提升。

三、服务投入的外来性情形

如前所述,由于制造业服务化投入过程中的服务投入具有全球性特征,或者说服务投入既有国内服务要素,又有国外服务要素,从而使得其对制造业攀升全球价值链的作用力表现为具有不确定性。传统理论分析指出,当服务投入仅仅依托于国内服务要素时,理论上来说其影响是确定的且是积极的,因此不确定性则一定是源于国外服务要素投入所带来的负向抵冲效应。更确切地说,基于国外服务投入增加的制造业服务化,无论是从附加值创造能力提升角度看,还是从对价值链掌控能力提升角度看,其作用都是消极和负向的。这一点与传统理论所揭示和解释的情形则恰恰相反。也就是说,如果一国制造业服务化发展所依托的是国外服务业的支撑、所采用的纯粹是国外服务投入,那么制造业服务化所能产生的全球价值链攀升效应,与传统理论所揭示的情形就会大相径庭,因为此时的附加值创造能力和对价值链的控制能力主要取决于国外服务要素。当然,与前述分析服务投入的本土性情形相似,现在问题的关键在于,在全球价值链分工拓展至服务业领域时,制造业服务化过程中的服务投入不可能只来源于国外服务投入,一定会融合有来自国内的服务投入。因此,在包括服务业全球价值链分工背景下,此处所指的服务投入外来性情形,主要是指在制造业服务化的测度过程中剔除国内服务投入来源部分,而仅仅考虑进入制造业过程的国外服务部分。也就是说,由国外服务投入所引致的制造业服务化发展水平和程度,仅就这一部分而言,其对制造业攀升全球价值链的作用机制和机理将显著有别于传统理论所阐释的那样。据此,我们给出了理论假说3。

理论假说3:基于国内服务投入增加的制造业服务化,对本国制造业全球价值链分工地位具有积极影响,制造业服务化程度的提高会带动制造业全球价值链分工地位的相应提升。

第五章 实证检验Ⅰ：基于跨国面板数据的经验证据

制造业服务化是促进价值链攀升的一个重要命题假说，但囿于数据可得性和研究方法，上述命题假说一直停留在理论推演层面，较少得到有说服力的直接实证检验。况且，前一章从新国际分工角度出发，对制造业服务化促进价值链攀升的传统理论阐释进行了进一步修正，并给出了三个待检验的命题假说。以此为理论先导，本章运用世界投入产出数据库（WIOD）发布的最新基础数据，借鉴最新方法测算了44个国家（地区）在2000～2014年全球价值链分工地位指数和制造业服务化水平指数，并在进一步区分制造业服务化的国内外服务投入来源结构差异基础上，采用跨国面板数据对命题假说进行了实证检验。研究发现，不区分服务投入国内外来源结构，单纯考虑整体意义上的制造业服务化水平，对全球价值链分工地位并无显著影响；如果进一步区分服务投入来源结构，计量检验结果表明，基于国内服务投入增加的制造业服务化发展，对全球价值链分工地位提升具有显著积极影响，而基于国外服务投入增加的制造业服务化发展反而对全球价值链分工地位提升产生显著的抑制作用。据此，依托制造业服务化实现价值链攀升，不能为服务化而笼统地谈服务化，必须区分服务投入国内外来源，即如何推进本国服务业尤其是高级生产性服务业发展，为制造业转型升级和攀升全球价值链提供坚实的基础和可靠的支撑力，才是关键所在。

第一节 关键指标测度及初步观察

本书着重研究制造业服务化对全球价值链升级的影响，因此所涉及的两个关键指标分别是全球价值链分工地位和制造业服务化。本节拟对这两个关键指标的测度方法做一简单介绍,并对测算结果进行初步分析。

一、全球价值链分工地位指数的测算

全球价值链分工地位尤其是衡量指标的测算问题一直是国内外学者研究的一个重要领域。关于如何测算全球价值链分工地位,最早始于 Hummels 等(2001)提出的垂直专业化指数(Vertical Specialization,VS),该指数通过衡量总值出口中的国外附加值部分占比,来衡量一国的全球价值链分工地位。但由于该指标的计算依赖一些较强的假定条件,以及存在着一些重复计算和未考虑最终返回本国的中间品出口中的国内内容等严重缺陷,用垂直专业化指数来衡量全球价值链分工地位存在不准确性。基于此,后来的学者包括 Daudin 等(2011)、Johnson 和 Noguera(2012)以及 Koopman 等(2012)对全球价值链分工地位的测算方法进行不断的拓展和完善。目前来看,测算全球价值链分工地位采用相对普遍也是相对完善的方法,主要包括三个指标,即国内附加值出口占比指数(Ratio of Value – added Exports to Gross Exports,VAXR)、出口国内附加值率指数(Domestic Value Added Ratio,DVR)以及全球价值链分工地位指数(GVC_ Position),本书研究同时采用这三个测度指标以进行综合对比分析。

VAXR、DVR 和 GVC_ Position 的核心都是利用出口中的本国附加值份额来衡量一国全球价值链分工地位,因此上述三个测度指标都可以从总值出口的分解中获得。前两个测度指标之间的具体关系可以通过图 5 – 1 来加以简要说明。

根据 Koopman 等(2012)提出的测算原理,总值出口(E)通常能够被分解为 9 个部分:其中(1)部分、(2)部分、(3)部分相加除以总值出口为国内附加值出口占比(VAXR),(1)部分、(2)部分、(3)部分、(4)部分、(5)部分相加为出口国内附加值率(DVR),显然理论上 DVR 是大于 VAXR 的。(1)部分 ~(6)部分相加为出口国内内容(Domestic Content,DC),可以看出 DC 包含重复计算的国内中间品出口部分,这导致它与 DVR 相比会在衡量全球价值链分工地位时存在着较大的不准确性。至于 GVC_ Position,它是 Koopman 等(2010)提出的另一种通过比较中间品中附加值净出口状况来衡量全球价值链分工地位的指标,其基本的思想逻辑在于:如一国在全球价值链中更多地出口中间产品而较少使用国外中间产品,表明该国就处于全球价值链的上游环节且具有更

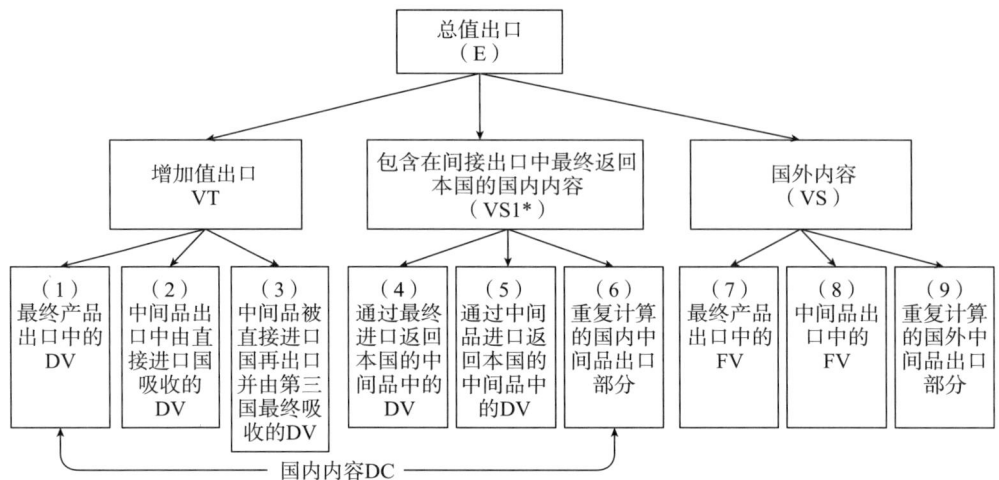

图 5-1 总值出口分解与全球价值链分工地位衡量指标

强的附加值创造能力,因而在全球价值链分工中处于更加有利的地位;如一国在全球价值链中更多地使用国外的中间品而较少出口中间产品,此时该国处于全球价值链的下游环节且附加值创造能力相对较弱,表明一国在全球价值链分工中的竞争能力越弱。上述三个指标的测算都离不开投入产出分解。假设有 N 个经济体 C 个行业,全球价值链中的投入产出矩阵关系可以表示如下:

$$\begin{bmatrix} X_1 \\ X_2 \\ \vdots \\ X_N \end{bmatrix} = \begin{bmatrix} A_{11} & A_{12} & \cdots & A_{LN} \\ A_{21} & A_{22} & \cdots & A_{2N} \\ \vdots & \vdots & \ddots & \vdots \\ A_{N1} & A_{N2} & \cdots & A_{NN} \end{bmatrix} \begin{bmatrix} X_1 \\ X_2 \\ \vdots \\ X_N \end{bmatrix} + \begin{bmatrix} Y_{11} + Y_{12} + \cdots Y_{LN} \\ Y_{21} + Y_{22} + \cdots Y_{2N} \\ \vdots \\ Y_{N1} + Y_{N2} + \cdots Y_{NN} \end{bmatrix} = AX + Y \quad (5-1)$$

其中,X_t($t=1,2,\cdots,N$)表示经济体 t 的 C 个行业中产出的 $C'1$ 列向量,Y_{th}($t,h=1,2,\cdots,N$;t,h 的含义下同)表示经济体的 h 对经济体 t 的最终产品吸收,因此 Y 矩阵每行元素加总是对应国家最终需求的 $C'1$ 列向量,A_{th} 是经济体 h 生产中使用的经济 t 中间品的 $C'C$ 投入产出系数矩阵。利用式(5-1)中对投入产出矩阵的分解获得的投入产出系数矩阵 A,Johnson 和 Noguera(2012)开发了国内附加值出口占比指数(VAXR)其矩阵计算方法如下:

$$VBY = \begin{bmatrix} V_1 & L & 0 \\ M & V_h & M \\ 0 & L & V_N \end{bmatrix} \begin{bmatrix} B_{11} & L & B_{1N} \\ M & B_{th} & M \\ B_{N1} & L & B_{NN} \end{bmatrix} \begin{bmatrix} Y_{11} & L & Y_{1N} \\ M & Y_{th} & M \\ Y_{N1} & L & Y_{NN} \end{bmatrix} \quad (5-2)$$

列向量 Y_{th} 表示 h 经济体使用的 t 经济体的各产业需求列向量。经济体 h 的增加值矩阵用 V_h 表示，V_h 为对角矩阵，对角线元素为各行业增加值在总产值中的占比，矩阵 B 为列昂惕夫矩阵，$B = [I - A]^{-1}$，I 为 $NC' NC$ 的单位矩阵。经过推导可以得出，$VAY_{th} = \sum_{i=1}^{N} V_t B_{th} Y_{th}$，（$l$ 为非 t 非 h 的第三方经济体）表示经济体 h 吸收经济体 t 的行业增加值列向量。经济体 t 的增加值出口向量可以表示为：

$$VAY_t = \sum_{h \neq t, h-1}^{N} VAY_{th} \tag{5-3}$$

此时，只需 VAY_t 各行的增加值出口相加即可得到增加值总出口 VAX_t，用 VAX 除以经济体 t 的总值出口 E_{t*} 即可得到对应的 $VAXR_t$，E_{t*} 的计算公式如下：

$$E_{t*} = \sum_{h \neq t}^{N} E_{th} = \sum_{h \neq t}^{N} (A_{th} + X_h + Y_{th}) \tag{5-4}$$

Koopman 等（2012）提出的出口国内附加值率（DVR）计算方法与国内附加值出口占比指数（VAXR）虽然核心思想相同但计算路径却差别巨大，经济体 t 的 DVR 的计算公式如下：

$$DVR_t = V_t (I - A_{tt})^{-1} \tag{5-5}$$

式（5）中唯一与上文不同的是这里的 I 为 $C'C$ 的单位矩阵。

最后需要说明的是，Koopman 等（2010）提出的全球价值链分工地位指数（GVC_Position）的计算方法，该指数与上述两种指标计算方法思路完全不同，但依然还是基于对投入产出的分解，经济体 t 的 $GVC\_Position$ 指数计算公式如下：

$$GVC\_Position_t = \mathrm{Ln}\left(1 + \frac{IV_t}{E_{t*}}\right) - \mathrm{Ln}\left(1 + \frac{FV_t}{E_{t*}}\right) \tag{5-6}$$

其中，IV 表示所有其他国家出口中的本国中间品间接投入（Indirect Value - add Export，IV），FV 表示本国出口中包含的所有其他国家的增加值投入（Foreign Value - added，FV），显然要计算 $GVC\_Position$ 首先要计算的就是 IV 和 FV，这里就必须用到出口增加值分解矩阵 VBE：

$$VBE = \begin{bmatrix} V_1 B_{11} \hat{E}_{1*} & V_1 B_{12} \hat{E}_{2*} & L & V_1 B_{1N} \hat{E}_{N*} \\ V_2 B_{21} \hat{E}_{1*} & V_2 B_{22} \hat{E}_{2*} & L & V_2 B_{2N} \hat{E}_{N*} \\ L & L & L & L \\ V_N B_{N1} \hat{E}_{1*} & V_N B_{N2} \hat{E}_{2*} & L & V_N B_{NN} \hat{E}_{N*} \end{bmatrix}_{NC \times NC} \tag{5-7}$$

VBE 矩阵 t 行的非对角线元素加总，即为 IV_t：

$$IV_t = \sum_{h \neq t} V_t B_{th} \hat{E}_{ht} \tag{5-8}$$

VBE 矩阵 t 列的非对角元素的加总，即为 FV_t：

$$FV_t = \sum_{t \neq h} V_h B_{ht} \hat{E}_{t*} \tag{5-9}$$

将 IV_t、FV_t 和 E_{t*} 代入式（5-6）即可计算出 t 经济体的 GVC_Position 指数。

二、制造业服务化水平的测算

虽然对制造业服务化水平的测算目前常用方法有社会网络分析方法、赫芬达尔指数法（HHI）和投入产出表法三种方法，但从国家层面衡量其制造业服务化水平最为准确的还是投入产出表法。本文将采用投入产出表测算方法，只不过与已有文献相比，本书测度制造业出口中的服务附加值投入时将采用更为准确的完全系数法。而运用投入产出表结合完全系数法测算制造业服务化水平需要用到式（5-7）中的出口增加值分解矩阵 VBE，在上文中对 GVC_Position 的计算中曾经介绍过：VBE 矩阵 t 列的非对角元素的加总表示 t 经济体本国出口中包含的所有其他国家的增加值投入 FV_t。实际上 VBE 矩阵 t 列的对角元素的加总表示 t 经济体本国出口中包含的本国的增加值投入 DC_t。经济体 t 制造业中使用国外和国内的服务增加值投入的计算只需要在 FV_t 和 DC_t 继续分解，即可获得。为了更好地呈现这个过程，这里将式（5-7）改写成分解形式：

$$T_V = \begin{bmatrix} TV_{11} & L & TV_{LN} \\ M & O & M \\ TV_{N1} & L & TV_{NN} \end{bmatrix} = VBE = \begin{bmatrix} v_1 & L & 0 \\ M & O & M \\ 0 & L & v_N \end{bmatrix} \begin{bmatrix} B_{11} & L & B_{LN} \\ M & O & M \\ B_{N1} & L & B_{NN} \end{bmatrix} \begin{bmatrix} E_1 & L & 0 \\ M & O & M \\ 0 & L & E_N \end{bmatrix}$$

$$\tag{5-10}$$

在考虑 N 个经济体、C 个行业的情况下，式（5-10）中 V 为增加值矩阵，其对角线元素 $v_1, v_2, \cdots, v_N$ 为 N 个国家中的 C 个行业增加值占各自行业总产出的份额的对角矩阵：

$$v_n = \begin{bmatrix} v_n^1 & L & 0 \\ M & O & M \\ 0 & L & v_n^C \end{bmatrix}, (n = 1, 2, L, N) \tag{5-11}$$

V 和 v_n 中除对角线元素外其余元素均为 0。B 为 $NC'NC$ 维列昂惕夫矩阵,即为列昂惕夫逆矩阵,其中 I 为单位矩阵、A 为 N 个国家 C 个行业的投入产出系数矩阵,E 为 N 个经济体 C 个行业总值出口的对角矩阵。T_V 矩阵的列表示各个经济体的出口增加值投入占比分布,T_V 矩阵的行表示各个经济体出口增加值的产出占比分布。T_V 的对角线元素 $TV_{th}(t=h, h=1, 2, \cdots, N)$ 为经济体 h 出口中内含的国内增加值部分,$TV_{th}(t^1 h, h=1, 2, \cdots, N)$ 为经济体 h 的出口内含国外增加值部分,由于 TV_{th} 本身为 $C'C$ 矩阵,其每一列元素中的 $i(i=1, 2, \cdots, C)$ 行,表示对应该列的行业中来自 i 行业的增加值投入,因此在 $TV_{th}(t=h, h=1, 2, \cdots, N)$ 和 $TV_{th}(t^1 h, h=1, 2, \cdots, N)$ 中继续将对应制造业行业的列按照行进行分解,并将对应服务行业的行进行加总,即可得出来自国内和国外不同制造业行业中的服务增加值投入。

三、测算结果描述性统计及其关系的初步观察

通过运用 44 个国家和地区 2000~2014 年的投入产出表,结合前文中介绍的测度方法,本书测算了三种用来衡量全球价值链分工的位的关键指标:出口国内附加值率(DVR)、国内附加值出口占比(VAXR)和全球价值链分工地位指数(GVC_Position),以及制造业服务化的三个表征变量:制造业内含服务增加值总量占比、制造业内含国内服务增加值占比以及制造业内含国外服务增加值占比。上述 6 个关键变量测度结果的描述性统计报告如表 5-1 所示。

表 5-1 各关键变量测算结果描述性统计

变量名称	样本数	均值	标准差	最小值	最大值
DVR	660	0.667912	0.120344	0.301208	0.902368
VAXR	660	0.660834	0.115437	0.301164	0.889808
GVC_Position	660	-0.04596	0.129076	-0.43012	0.377823
DSR	660	0.19159	0.060027	0.042256	0.312129
FSR	660	0.151894	0.064879	0.034709	0.39686
TSR	660	0.343484	0.042116	0.22386	0.474479

在对制造业服务化水平是否影响全球价值链分工地位进行计量分析之前，我们首先对两者之间的关系进行初步观察。据此，本文将测算出衡量全球价值链分工地位的三个指标，与制造业内含服务总增加值率（TSR）、内含国内服务增加值率（DSR）以及内含国外增加值率（FSR），分别绘制了它们之间的散点线性拟合图，如图5-2所示。

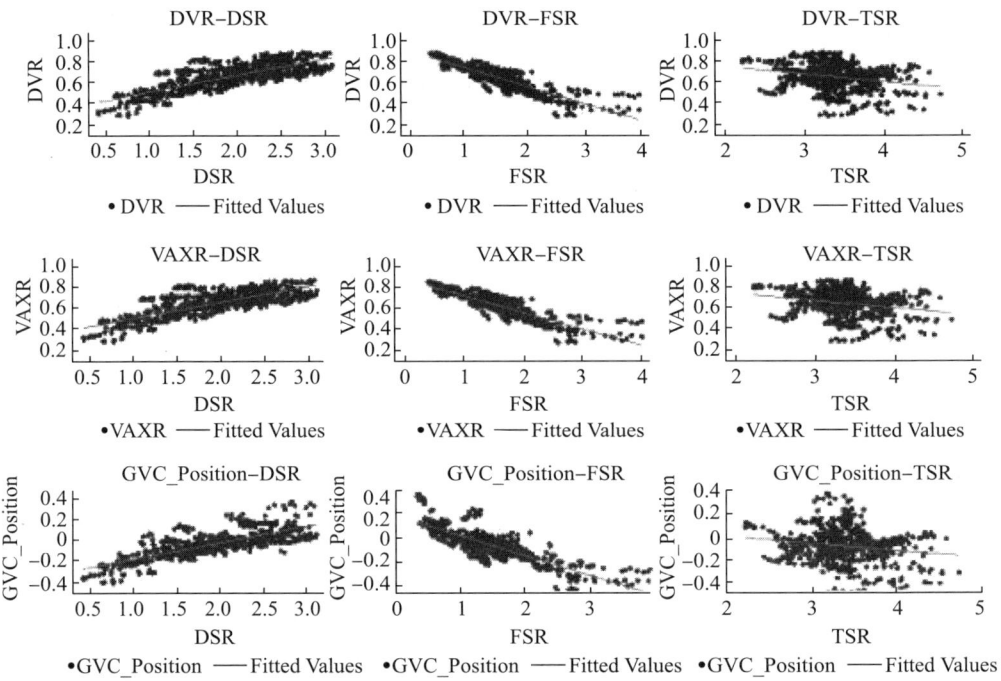

图5-2 价值链分工地位与制造业服务化数据散点拟合图

从图5-2绘制的结果来看，无论以何种指标作为全球价值链分工地位的测度指标，在考察其与制造业服务化之间的关系时，均表现出较高的一致性，只是与不同的制造业服务化程度测度指标表现出不同的作用关系而已。具体而言，当以制造业内含总服务增加值作为制造业服务化程度的替代变量时，它与出口国内附加值率、国内附加值出口占比和全球价值链分工地位指数三个指标所表征的全球价值链分工地位均未表现出显著的相关关系，即制造业服务化程度的提高未能逻辑地带动价值链分工地位的显著变化。如果进一步从线性拟合角度看，似乎呈现不太明显的反向变动关系,即以制造业内含总服务增加值占比为表征的制造业服务化程度提高,反而会导致全球价值链分工地位走低。然而,当以制造业内含国内服务增加值作为制造业服务化程度的替代变量时,它与上述三个指标所表征的全球价值链分工地位均表现出显著的正向作用,即伴随着制造业服务化程度的提高,以三种测度变量表征的全球价值链分工地位也随之提高。更为有趣的是,当以制造业内含国外服务增加值作为制造业服务化程度的替代变量时,它与上述三个指标所表征的全球价值链分工地位,均表现出显著的负向作用,即伴随制造业服务化程度的提高,以三种测度变量表征的全球价值链分工地位也随之下降。

上述初步观察结果与学术界的惯常认识并不一致,即单纯的制造业服务业程度的提高可能未必有利于价值链分工地位的相应提升,而应区别于不同服务增加值来源结构可能具有的差异影响。换言之,如果制造业服务化程度的提高主要源自国内服务增加值投入的相对增长,那么对全球价值链分工地位的提升是有促进作用的,但是如果主要源自国外服务增加值投入的相对增长,那么对全球价值链分工地位的提升反而具有抑制作用。总之,从图5-2的散点分布和线性拟合可以发现,3种指标衡量的全球价值链分工地位与制造业内含国内服务投入占比和国外服务投入占比之间,都显著存在正向相关或者负向相关关系,而图5-2右边的3张图的散点分布和线性拟合可以发现,3种指标衡量的全球价值链分工地位与制造业内含总服务投入占比之间呈现微弱的负相关关系。当然,依据上述初步观察所得结论是否正确和可靠,还需下文给予进一步的计量检验。

第二节 变量选取、模型设定与数据说明

一、变量选取和模型设定

1. 被解释变量的选择

本文研究的重点问题是力图揭示制造业服务化水平是否对全球价值链分工地

位具有显著影响,因此全球价值链分工地位是本文的被解释变量。本文同时采用上述计算方法获得的三种衡量全球价值链分工地位的指标,即出口国内附加值率(DVR)、国内附加值出口占比(VAXR)和全球价值链分工地位指数(GVC_Position),以进行综合对比分析。之所以采用上述三个指标作为本文的被解释变量,如前文所述,因为其测算方法相对完善且目前使用相对普遍。实际上更为重要的是上述三个指标内含的经济意义更能体现全球价值链分工地位。比如,前两个指标虽然测算方法略有差异,但本质原理都是利用出口中一国实际获得利益分配多少来衡量一国分工地位,即充分考虑在全球价值链分工条件下的附加值创造能力这一基本经济属性。第三个指标 *GVC_ Position* 衡量全球价值链分工地位的合理性,前文已有述及,此处不再赘述。根据 Koopman(2012)的研究来看,用出口国内附加值率来衡量分工获利情况,比用国内附加值出口占比更为准确,而分工中的获利情况实际上是最能直接反映一国全球价值链分工地位的。所以,本文将出口国内附加值率设定为主要被解释变量,而国内附加值出口占比和全球价值链分工地位指数这两个指标主要用来作为被解释变量的稳健性检验,以进行综合对比分析。

2. 解释变量的选择

在解释变量的选择方面,在充分借鉴有关全球价值链分工地位影响因素的研究文献基础上,在最大限度地保证模型完善的前提下,考虑到数据的可获得性,本书最终选取的解释变量除了本书所关心的制造业出口内含服务增加值总投入占制造业总值出口比率(TSR)、制造业出口产品中国内服务增加值投入占制造业总值出口比率(DSR)以及制造业出口产品中国外服务增加值投入占制造业总值出口比率(FSR)外,本书还选取了固定资本存量(CAP)、外国直接投资(FDI)、人力资本水平(EDU)、资源丰度(RESO)以及经济自由度(EFI)。之所以选取上述6个变量,主要基于如下考虑:

固定资本存量和外国直接投资通常是用来衡量一国资本存量和资本流量变化的重要指标,在近期对全球价值链分工地位影响的相关研究中被广泛使用。资本是一国创造附加值的重要条件,固定资本生产的当期就对生产会形成巨大影响,而外国直接投资的影响可能会被滞后,而且由于资本流动迅速,所以当期的外部冲击可能会影响下一期的 FDI(周大鹏,2015;刘海云和毛海鸥,2015),这一点在计量模型的设定中将会充分考虑。

人力资本水平是衡量一国劳动力质量的重要指标。虽然也有一部分学者使用人均受教育年限作为人力资本的衡量指标，但由于各国的学制不同，人均受教育年限在不同国家间并没有可比性，所以本文借鉴刘海云和毛海鸥（2016）等学者在最新研究中采用的衡量人力资本水平的方法，即选择用高等教育入学率来衡量人力资本水平。

资源丰度是衡量一国出口中资源类产品增加值占比，该指标在黄灿和林桂军（2017）先前对全球价值链分工地位的研究中也曾被用作解释变量。本书在对全球价值链分工地位的测度方法介绍中也曾提到过一国资源类产品附加率高而且多作为中间品通入生产，因此一国的资源类产品出口占比高理论上会抬高其全球价值链分工地位。实际上，在本文的测算结果中，俄罗斯和澳大利亚这类资源出口型国家在三种指标衡量的全球价值链分工地位都较为靠前，这也初步印证了资源丰度会对全球价值链分工地位构成影响的判断，因此本文在控制变量中加入了资源丰度指标。

把经济自由度作为对全球价值链分工地位的影响因素，最先出现在容金霞（2016）的研究文献中。该指标由 *Fraser Institute* 发布，经济自由度指标是综合一国税率制度、法律制度、贸易开放度、政府效率等数据的混合性指标，采用的是10分制，一国的该指数越高，其经济制度的自由化程度就越高。自由的经济环境是企业生产和创新的土壤，有利于提高国内的生产效率，促进附加值的产生，自然会促进全球价值链分工地位的提升，因此本书也涵盖了该指标。此外，使用该指标后，一些在其他分工地位相关研究中使用的政府效率、贸易开放度、税率制度等指标都不需要再考虑，因为都涵盖在其中。上述各关键解释变量及其数据来源，统一报告如表5-2所示。

表5-2 解释变量的选择及数据来源

变量	变量名称	变量的解释意义	数据来源
TSR	总服务占比	制造业出口产品中内含服务增加值总投入占制造业总值出口比率	作者根据WIOD世界投入产出表计算获得
DSR	国内服务占比	制造业出口产品中国内服务增加值投入占制造业总值出口比率	作者根据WIOD世界投入产出表计算获得
FSR	国外服务占比	制造业出口产品中国外服务增加值投入占制造业总值出口比率	作者根据WIOD世界投入产出表计算获得
CAP	固定资本存量	每一单位国内产出对应的固定资本存量	世界银行统计数据库和OECD统计数据库

续表

变量	变量名称	变量的解释意义	数据来源
EFI	经济自由度	综合一国税率制度、法律制度、贸易开放度、政府效率等数据的指标	Fraser Institue 数据库
RESO	资源丰度	衡量一国出口中对资源类产品的依赖度,该指标越高,资源相对越丰富	作者根据 WIOD 世界投入产出表计算获得
FDI	外国直接投资	外国直接投资/国内总产出	国际货币基金组织国际收支平衡表统计年报文件
EDU	人力资本水平	高等教育入学率来衡量	联合国教科文组织（UNESCO）统计数据库

资料来源:笔者整理。

在表5-2罗列的解释变量中,总服务占比、国内服务占比和国外服务占比是本文核心解释变量,这三个变量解释的是本文的核心问题,即制造业服务化水平是否能够影响一国的全球价值链分工地位。

二、模型设定

基于以上解释变量和被解释变量的选择,本书建立了如下面板普通最小二乘回归模型公式:

$$GVC_{it} = \beta_0 + \beta_1 DSR_{it} + \beta_2 FST_{it} + \beta_3 CAP_{it} + \beta_4 EFI_{it} + \beta_5 RESO_{it} + \beta_6 EDU_{it} + \beta_7 FDI_{it} + u_i + \varepsilon_{it} \tag{5-12}$$

其中,下标 i 表示国家,t 表示年度。被解释变量 GVC_{it} 表示 i 国 t 时期的全球价值链分工地位,本书将在 GVC_{it} 的位置上同时使用出口国内附加值率、国内附加值出口占比和全球价值链分工地位指数3种不同的指数,进行3组平行的实证检验,以此对制造业服务化和全球价值链分工地位间的影响关系做出综合评价。DSR、FSR、CAP、EFI、RESO、EDU、FDI 即前文所述的各解释变量的符号,u_i 为个体效应,e_{it} 为随机效应。

此外,考虑到经济惯性的可能作用,我们在上述计量模型中还需要纳入有关变量的滞后项作为解释变量。比如,全球价值链分工地位的变迁通常是一个循序渐进的过程,因而当前国际分工地位对于下一期国际分工地位应该具有影响。也就是说，当期全球价值链分工地位指数可能会受上期全球价值链分工地位指数的影响。同样地，外国直接投资对全球价值链分工地位的影响，尤其是从资本形成过程来看，可能具有影响效应上的滞后性。换言之，FDI 对价值链分工地位的影响可能不仅存在于当期，而且对以后各期的分工地位也会产生影响。我们通过反复试验发现，选择 FDI 的滞后两期变量最为合适。显然，基于上述考虑需要将上述变量的滞后项纳入计量模型（12）中。尽管模型（12）是判断解释变量可行性的一个很好的定性模型，但在 OLS 模型（12）中加入滞后项后，又会形成诸如内生性等问题，因此为了解决上述诸如内生性等问题，同时也是为了提高估计效率，本书最终建立了一个动态面板的两步法系统 GMM 模型：

$$GVC_{it} = \beta_0 + \beta_1 DVC_{it-1} + \beta_2 DSR_{it} + \beta_3 FSR_{it} + \beta_4 CAP_{it} + \beta_5 EFI_{it} + \beta_6 RESO_{it} + \beta_7 EDU_{it} + \beta_8 FDI_{it} + \beta_9 FDI_{it-1} + \beta_{10} FDI_{it-2} + u_i + \varepsilon_{it} \quad (5-13)$$

其中，下标 i 表示国家，t 表示年度。模型（5-13）为动态模型，TSR、DSR、FSR、CAP、EFI、RESO、EDU 为外生解释变量，FDI 及其滞后 $t-1$、$t-2$ 期为模型设定的前定变量。

需要进一步指出的是，由于 WIOD 发布的最新世界投入产出数据（2000~2014）共有 44 个经济体，其中包括全球其他国家和地区以及中国台湾，由于全球其他国家和地区的综合数据和中国台湾的相关统计数据无法获得，因此后文在计量分析过程中，将这两个样本经济体予以剔除，实际保留了 42 个国家（地区）的数据作为样本。同时为了消除单位不统一并减轻异方差的影响，本书对数据均进行了对数化处理，对因存在负值不能取对数的数据 GVC_Position 和 FDI，在保证其大小顺序不变的情况下，通过加 1 处理后取得对数。

第三节 实证结果分析

一、基于全样本的实证结果及分析

由于本书同时采用三种测度指标作为全球价值链分工地位的替代变量，以进行综合对比分析。据此,分别以出口国内附加值率、国内附加值出口占比和全球价值链分工地位指数为全球价值链分工地位替代变量,基于总样本数据进行回归估计所得结果,分别如表5-3、表5-4和表5-5所示。在表5-3、表5-4和表5-5的后几行一并报告了模型有效检验结果。针对系统GMM的过度识别检验及自相关检验均显著拒绝回归的过度识别和自相关性。Sargan检验的P值较大,可认为不存在过度识别问题;AR(1)、AR(2)检验结果表明扰动项在10%显著性水平上接受一阶自相关假设,但显著拒绝二阶自相关,序列间不存在相关性。

表5-3　DVR作为被解释变量的全样本回归估计结果

	模型(1)	模型(2)	模型(3)	模型(4)	模型(5)	模型(6)	模型(7)	模型(8)
DVR_{t-1}	0.936*** (0.05)	0.870*** (0.06)	0.629*** (0.09)	0.643*** (0.17)	0.522*** (0.15)	0.551*** (0.12)	0.430*** (0.12)	0.497*** (0.11)
TSR	-0.133* (0.07)	-0.0520 (0.07)						
DSR			0.273*** (0.06)	0.216*** (0.05)			0.146*** (0.04)	0.100** (0.05)
FSR					-0.246*** (0.05)	-0.226*** (0.04)	-0.197*** (0.05)	-0.186*** (0.04)
FDI		0.0420 (0.07)		-0.0180 (0.18)		-0.003 (0.16)		-0.0320 (0.16)
FDI_{t-1}		-0.134 (0.10)		-0.0620 (0.10)		-0.090 (0.09)		-0.058 (0.09)
FDI_{t-2}		-0.0720 (0.08)		-0.153* (0.09)		-0.181** (0.07)		-0.208** (0.09)
CAP		-0.060*** (0.02)		-0.101*** (0.03)		-0.101*** (0.03)		-0.107*** (0.03)
EFI		0.278*** (0.09)		0.359*** (0.12)		0.252** (0.12)		0.282** (0.13)
RESO		0.0130 (0.01)		0.006 (0.01)		-0.002 (0.01)		-0.002 (0.01)
EDU		-0.045* (0.02)		-0.048 (0.03)		0.0140 (0.02)		-0.004 (0.02)

续表

	模型（1）	模型（2）	模型（3）	模型（4）	模型（5）	模型（6）	模型（7）	模型（8）
常数项	-0.175* (0.09)	-0.258 (0.16)	0.306*** (0.06)	0.0270 (0.21)	-0.694*** (0.16)	-0.890*** (0.21)	-0.385** (0.16)	-0.638*** (0.22)
观察值	588	481	588	481	588	481	588	481
AR（1）	0.0000	0.0001	0.0009	0.0019	0.0002	0.0005	0.0011	0.0024
AR（2）	0.9383	0.4311	0.4230	0.9187	0.7153	0.9831	0.6177	0.7482
Sargan	0.4024	1.0000	0.3233	1.0000	0.2918	1.0000	0.3676	1.0000
$Wald-c^2$	1858.65 (0.00)	1247.69 (0.00)	439.00 (0.00)	510.26 (0.00)	214.30 (0.00)	899.94 (0.00)	298.15 (0.00)	1814.16 (0.00)

注：①括号内为 t 或 z 统计量；② *、** 和 *** 分别表示 10%、5% 和 1% 的显著性水平；③模型控制了国家和年度的固定效应。下表同。

表5-3报告的结果就是以出口国内附加值率作为被解释变量进行全样本回归估计所得。其中第1列的回归结果是在计量模型中仅纳入制造业内含服务总投入占比变量（TSR）而未考虑其他变量影响的情况下进行回归估计所得；第2列的回归结果是在第1列的基础上再纳入其他各主要解释变量情况下进行回归估计所得。以此类推，第3列和第4列的回归结果分别是在仅考虑制造业内含国内服务投入占比变量而未考虑其他变量影响的情况下，以及同时纳入其他变量情况下进行回归估计所得；第5列和第6列的回归结果分别是在仅考虑制造业内含国外服务投入占比变量而未考虑其他变量影响的情况下，以及同时纳入其他变量情况下进行回归估计所得；第7列和第8列的回归结果是在仅考虑制造业内含国内外服务投入占比两个变量而未考虑其他变量影响的情况下，以及同时纳入其他变量情况下进行回归估计所得。表5-4和表5-5呈列回归结果的逻辑与表5-3一致，后文不再赘述。

从表5-3报告的第一列回归估计结果看，作为本文关注的核心解释变量，以制造业内含服务总投入占比所表征的制造业服务化变量，其系数估计值为负，且在10%的显著性水平下通过统计检验，说明制造业服务化对全球价值链分工位置的提升不仅没有促进作用，反而具有抑制作用。这一点显然与学术界的惯常认识是不一致的。进一步地，将其他解释变量同时纳入到计量式（5-13）后，第2列的回归估计结果表明，变量TSR的系数估计值虽然仍然为负，但却没有通过显著性检验。这一结果说明，在考虑其他影响因素后，以制造业内含服务总投入占比所表征的所谓制造业服务化对全球价值链分工地位攀升的影响其实是不确定的，也可以说第1列的回归估计结果是不稳定和不可靠的。作为解释变量的全球价值链分工地位指数滞后一期，DVR_{t-1}的系数估计值为正，且通过了1%的显著性统计检验，表明经济惯性作用确实存在，即上一期的全球价值链分工地位情况，对本期全球价值链分工地位的确具有显著的正向影响。这一结果同时也说明了全球价值链分工地位的变迁，通常是以现实地位为基础的。

从表5-3的第3列回归估计结果看，当以制造业内含国内服务投入占比作为制造业服务化程度的替代变量时，其系数估计值为0.273，且在1%的显著性水平下通过统计检验，说明以上述指标为表征的制造业服务化水平的提高，对制造业攀升全球价值链具有显著的促进作用。这一结果显然与第1列和第2列的回归估计结果截然不同。进一步地，将其他解释变量同时纳入到计量式（5-13）后，第4列的回归估计结果表明，变量DSR的系数估计值为0.216，且同样在1%的显著性水平下通过统计检验，说明在纳入其他解释变量后，以上述指数为表征的制造业服务化水平，并没有改变其对制造业全球价值链分工地位的本质影响。换言之，依托国内服务投入增加而提升的制造业服务化水平，对制造业攀升全球价值链的影响基本是确定的。与此同时，作为解释变量的全球价值链分工地位指数滞后一期，与第1列和第2列的回归结果较为相似，DVR_{t-1}在第3列和第4列中报告的系数估计值均为正，且均通过了1%的显著性统计检验，对此，无须再进行进一步阐释。

与前4列回归结果截然不同的是，从表5-3的第5列回归估计结果看，当以制造业内含国外服务投入占比作为制造业服务化程度的替代变量时，其系数估计值为-0.246，且在1%的显著性水平下通过了统计检验。说明以上述指标为表征的制造业服务化水平的提高，对制造业攀升全球价值链具有显著的抑制作用。进一步地，将其他解释变量同时纳入到计量式（5-13）后，第6列的回归估计结果表明，变量FSR的系数估计值无论是在影响的方向性方面还是在统计显著性检验方面，均没有发生实质性改变。换言之，在纳入其他解释变量后，以上指数为表征的制造业服务化水平对制造业全球价值链分工地位影响效应依然表现为显著的抑制作用。这一结果说明，当制造业服务化水平的提高主要是依托国外服务投入增加所致时，其对制造业攀升全球价值链影响具有确定性的负向作用。至于作为解释变量的全球价值链分工地位指数滞后一期，与前述各列的回归结果基本一致，此处不再赘述。

表5-3的第7列回归估计结果是将制造业内含国内服务投入占比和内含国外服务投入占比同时纳入计量式（5-13）进行回归估计所得。变量 DSR 的系数回归估计值为0.136，与第3列和第4列的回归结果相比这一数值虽然变小，但就其影响的方向性及其显著性而言，并无实质性变化。也就是说，制造业内含国内服务投入占比的提高，对制造业攀升全球价值链的仍然表现为显著的正向促进作用。与之类似，变量 DSR 的系数回归估计值为 -0.208，与第5列和第6列的回归结果相比这一数值的绝对值虽然也在变小，但就其对制造业全球价值链分工地位攀升影响的方向性及显著性方面而言，依然表现为抑制性作用，同样没有出现实质性改变。在纳入其他解释变量后，上述两个变量在第八列报告的回归结果与第7列基本一致，说明两者对制造业价值链分工地位影响的估计结果，基本是稳定和可靠的。

表5-4 VAXR作为被解释变量的全样本回归估计结果

	模型（1）	模型（2）	模型（3）	模型（4）	模型（5）	模型（6）	模型（7）	模型（8）
$VAXR_{t-1}$	0.916*** (0.05)	0.836*** (0.06)	0.606*** (0.09)	0.593*** (0.12)	0.474*** (0.16)	0.526*** (0.13)	0.397*** (0.12)	0.461*** (0.10)
TSR	-0.121 (0.08)	-0.0450 (0.07)						
DSR			0.279*** (0.05)	0.221*** (0.05)			0.136*** (0.04)	0.123*** (0.04)
FSR					-0.262*** (0.06)	-0.217*** (0.05)	-0.208*** (0.06)	-0.173*** (0.04)
FDI		0.0920 (0.08)		0.0100 (0.09)		0.0410 (0.13)		0.00700 (0.12)
FDI_{t-1}		-0.172 (0.12)		-0.0920 (0.10)		-0.130 (0.09)		-0.0860 (0.09)
FDI_{t-2}		-0.0540 (0.10)		-0.153** (0.07)		-0.186*** (0.07)		-0.209*** (0.08)
CAP		-0.060** (0.03)		-0.117*** (0.04)		-0.099*** (0.03)		-0.109*** (0.02)

续表

	模型（1）	模型（2）	模型（3）	模型（4）	模型（5）	模型（6）	模型（7）	模型（8）
EFI		0.277**		0.420***		0.237*		0.285**
		(0.11)		(0.16)		(0.15)		(0.12)
$RESO$		0.0150		0.00500		0		0
		(0.01)		(0.01)		(0.02)		(0.01)
EDU		-0.049*		-0.069**		0.00200		-0.0170
		(0.03)		(0.03)		(0.02)		(0.02)
常数项	-0.171*	-0.236	0.302***	0.0230	-0.750***	-0.806***	-0.444**	-0.531**
	(0.10)	(0.18)	(0.06)	(0.19)	(0.17)	(0.23)	(0.20)	(0.21)
观察值	588	481	588	481	588	481	588	481
$AR(1)$	0.0000	0.0001	0.0008	0.0015	0.0001	0.0002	0.0008	0.0014
$AR(2)$	0.6334	0.1092	0.2196	0.4694	0.5075	0.3815	0.4231	0.6480
$Sargan$	0.3717	1.0000	0.3663	1.0000	0.2857	1.0000	0.3093	1.0000
$Wald-c^2$	1207.36	847.61	360.61	692.69	238.04	664.44	298.15	1391.02
	(0.00)	(0.00)	(0.00)	(0.00)	(0.00)	(0.00)	(0.00)	(0.00)

注：同表5-3。

至于其他解释变量。从表5-3中相关各列的回归结果看，外商直接投资具有显著的滞后性影响，即当期和滞后一期的系数估计值在各列的回归结果中均没有通过显著性检验，而滞后两期的系数估计值基本通过了显著性检验。出乎预期的是，其系数估计值为负。也就是说，利用外资对制造业攀升全球价值链而言，总体上呈现负向抑制作用。当然，导致这一结果的可能原因在于，对外直接投资在东道国的技术溢出效应不明显，甚至存在着挤出效应等问题。特别是在当前全球价值链分工体系下，投资与贸易往往呈现一体化趋势，跨国公司主导的FDI往往会带来大量的中间品进口，尤其是技术复杂度和附加值相对较高的中间品进口，从而使得作为FDI引进的东道国出口产品的更高端环节依赖于进口而非本土生产，最终必然表现为生产分工地位的下降。何况，跨国公司主导的对外直接投资多以加工贸易的形式存在，这种投资对于东道国来说带来的国内附加值率更低，因此从上述角度看FDI会降低一国全球价值链分工地位的实证结论也就可以理解了。固定资本存量的系数估计值在表5-3各列中均显示为负，且通过了1%

水平下的显著性统计检验,由此说明固定资本存量对全球价值链分工地位的影响同样表现为负向的抑制作用。这一结果初看起来似乎也不太合理。其中可能的原因在于,一方面可能与固定资本增加更多带来的边际效率递减有关,另一方面可能由于固定资本的增加更多是要素驱动型增长。如果固定资本的投资更多倾向于对现有生产规模的扩大,那么根据生产的边际生产力递减规律可知,随着固定资本的增加,每一单位新投资带来的生产效率都必然是下降的,从而对国际竞争力的提高和价值链地位的攀升可能并不利。特别地,全球价值链攀升往往表现为专业化于更高端要素密集型的生产环节和阶段,具有更高的附加值创造能力,因此固定资本的增加如果更多是停留在要素驱动层面,那么依托创新驱动提升全球价值链分工地位的作用显然就会很难实现。

此外,经济自由度变量的系数回归值在各列中均显示为正,且至少在5%的显著性水平下通过了统计检验,说明开放自由的经济环境的确利于一国企业的生产效率提升,进而影响全球价值链分工地位。其中的作用机制既有可能来自于竞争效应,也有可能来自于开放倒逼改革的制度完善效应等。自由的经济环境所营造的良好营商环境显然更加有利于产业技术进步和创新,从而实现全球价值链分工地位的提升。资源丰度变量的系数估计从表5-3各列的回归结果看,虽然系数大小和正负不一,但均未通过显著性统计检验,说明资源丰度对制造业全球价值链分工地位并没有显著影响。虽然制造业发展在很大程度上离不开资源投入,但从攀升全球价值链角度看,资源作为初级要素的作用可能会逐渐下降,甚至可能存在过度依赖资源而导致资源诅咒现象,进而对制造业发展产生抑制作用。以高等教育入学率来衡量人力资本水平变量,表5-3中各列的系数估计值并不稳定,且大多没有通过显著性检验。可能是由于样本经济体中包含处于不同经济发展阶段的国家(地区),而人力资本对制造业攀升全球价值链的影响可能存在着经济发展阶段的约束效应。

表5-4的回归结果是以国内附加值出口占比作为被解释变量,对计量模型(5-13)进行回归所得。如果将表5-4各列的回归结果与表5-3对应的各列回归结果进行对比可以发现,就本书所关注的几个核心解释变量而言,即无论是制造业出口内含服务增加值总投入占制造业总值出口比率,还是制造业出口产品中国内服务增加值投入占制造业总值出口比率,以及制造业出口产品中国外服务增加值投入占制造业总值出口比率变量,其系数估计值的正负性以及显著性统计检验均没有

出现本质性改变。换言之,当以国内附加值出口占比作为制造业全球价值链分工地位的表征变量时,上述三个核心变量对制造业全球价值链分工地位的影响,与前述以出口国内附加值率作为制造业全球价值链分工地位的影响,保持了较高的一致性,从而在一定程度上说明了上述实证结果的稳定性和可靠性,也进一步说明了依托国内外不同服务来源而提升的制造业服务化水平,对制造业全球价值链分工地位影响具有本质差异。至于其他解释变量,比较表 5-4 与表 5-3 相应各列的回归结果可以看出,均未发生显著变化,说明回归结果具有较好的一致性和稳定性。

表 5-5 GVC_Position 作为被解释变量的全样本回归估计结果

	模型(1)	模型(2)	模型(3)	模型(4)	模型(5)	模型(6)	模型(7)	模型(8)
$GVC\_Position_{t-1}$	0.984*** (0.03)	0.932*** (0.07)	0.872*** (0.07)	0.872*** (0.06)	0.651*** (0.13)	0.686*** (0.11)	0.600*** (0.12)	0.697*** (0.10)
TSR	−0.069* (0.04)	−0.0730 (0.05)						
DSR			0.077*** (0.03)	0.059*** (0.02)			0.037*** (0.02)	0.016*** (0.02)
FSR					−0.125*** (0.03)	−0.113*** (0.04)	−0.121*** (0.04)	−0.111*** (0.03)
FDI		−0.00700 (0.04)		−0.0170 (0.03)		0.010 (0.03)		−0.014 (0.04)
FDI_{t-1}		−0.0300 (0.06)		−0.0180 (0.03)		−0.031 (0.04)		−0.016 (0.04)
FDI_{t-2}		−0.0200 (0.04)		−0.028 (0.05)		−0.059 (0.04)		−0.055* (0.03)
CAP		−0.038*** (0.01)		−0.032*** (0.01)		−0.041*** (0.02)		−0.045*** (0.01)
EFI		0.161*** (0.06)		0.184*** (0.06)		0.193*** (0.06)		0.204*** (0.07)
RESO		0.007 (0.01)		0.005 (0.01)		0.001 (0.00)		0.00 (0.00)
EDU		−0.0160 (0.01)		−0.032** (0.01)		−0.005 (0.01)		−0.009 (0.01)

续表

	模型(1)	模型(2)	模型(3)	模型(4)	模型(5)	模型(6)	模型(7)	模型(8)
常数项	-0.077*	-0.197	0.122***	-0.0290	-0.267***	-0.473***	-0.200*	-0.436***
	(0.04)	(0.14)	(0.04)	(0.09)	(0.07)	(0.14)	(0.11)	(0.15)
观察值	588	481	588	481	588	481	588	481
$AR(1)$	0.0003	0.0005	0.0004	0.0008	0.0003	0.0004	0.0004	0.0007
$AR(2)$	0.7461	0.4066	0.7831	0.4035	0.8142	0.4878	0.964	0.5429
$Sargan$	0.3552	0.9999	0.3047	1.0000	0.4306	1.0000	0.4931	1.0000
$Wald-c^2$	3511.02	654.96	1214.39	1174.12	196.15	1728.85	268.46	9659.75
	(0.00)	(0.00)	(0.00)	(0.00)	(0.00)	(0.00)	(0.00)	(0.00)

注：同表5-3。

为了进一步验证以不同测度指标表示的制造业全球价值链分工地位，本书所关注的核心解释变量在影响的方向性和显著性上，是否依然能够保持基本一致的结果，表5-5报告了以 $GVC\_Position$ 作为被解释变量的全样本回归估计结果。从中容易看出，如果不区分服务投入的国别来源结构，而仅仅考虑服务总投入情况下的制造业服务化水平，其对制造业全球价值链分工地位是不具备显著影响的；相比较而言，如果制造业服务化水平的提高依托的是国内服务投入增加的结果，那么其对制造业全球价值链分工地位的攀升具有显著促进作用，而如果制造业服务化水平的提高依托的是国外服务投入增加的结果，那么其对制造业全球价值链分工地位的攀升则具有显著抑制作用。这一回归结果与前述表5-3和表5-4的结果也是基本一致的。上述回归结果再次说明，即便以不同的测度指标表征制造业全球价值链分工地位，本书最为关注的上述三个核心解释变量，对其影响仍然表现出较高的一致性和稳定性。

综合以上各表的回归结果可见，以三个不同指标作为制造业全球价值链分工地位的替代变量，所进行的GMM回归结果表现出的高度一致性，互相证明了模型的稳健性和可靠性。但如前文所述，样本经济体存在着较大发展差距，经济发展阶段的差异性是否会对研究结论产生影响。换言之，为了验证本文上述计量模型在不同收入国家中是否同样稳健，还有必要对动态面板运用子样本分析进行进一步的计量检验。

二、子样本回归分析

由于经济发展的阶段不同,制造业服务化发展的水平也各异。总体来看,发达经济体呈现出两个70%的重要特征,服务业占经济总量的比重高达70%以上,而生产性服务业在服务业中的占比同样在70%以上。从这一意义上说,发达经济体基本上已经达到服务业软化的发展阶段。相比较而言,发展中国家的经济发展水平还比较滞后,尤其是在产业结构的高级化发展方面,与发达国家相比还有较大差距。因而在制造业服务化发展水平上也存在较大差距,包括制造业服务化水平提升的国内外来源结构方面。当然,这种差距的存在可能同时说明,处于不同发展阶段所具有的进一步提升空间不同,因而制造业服务化水平的不同来源结构对价值链攀升的影响可能也不尽相同。基于上述判断和预期,考虑到本书实证使用的样本数据中既包括发达经济体也包括发展中经济体,这种经济发展程度不一,甚至可以说差距较大的特征事实,本书按照人均GDP排名将42个样本经济体中收入最高的10个样本经济体删除形成一组去头子样本,同样将42个样本经济体中收入最低的10个样本经济体删除形成一组去尾子样本。将两组子样本按照模型(5-13)再次进行回归,所得结果如表5-6所示。

表5-6 子样本GMM回归结果

	去尾样本			去头样本		
	DVR	GVC_Position	VAXR	DVR	GVC_Position	VAXR
DSR	0.083	0.016	0.105*	0.102***	0.012*	0.108***
	(0.04)	(0.05)	(0.05)	(0.03)	(0.05)	(0.02)
FSR	-0.158**	-0.081***	-0.129***	-0.201***	-0.131***	-0.188***
	(0.05)	(0.03)	(0.03)	(0.06)	(0.04)	(0.05)
CAP	-0.127***	-0.042**	-0.128***	-0.069**	-0.029	-0.088*
	(0.04)	(0.05)	(0.02)	(0.03)	(0.03)	(0.06)
EFI	0.361*	0.208***	0.378**	0.313***	0.219***	0.317***
	(0.13)	(0.05)	(0.07)	(0.07)	(0.05)	(0.08)
RESO	0.006	0.005	0.005	-0.006	0.002	-0.003
	(0.01)	(0.02)	(0.01)	(0.02)	(0.01)	(0.02)

续表

	去尾样本			去头样本		
	DVR	GVC_Position	VAXR	DVR	GVC_Position	VAXR
EDU	-0.001	-0.008	-0.006	-0.029	-0.025**	-0.028
	(0.06)	(0.03)	(0.05)	(0.04)	(0.02)	(0.05)
FDI	-0.003	0.018	0.003	-0.006	0.014	0.016
	(0.21)	(0.05)	(0.09)	(0.21)	(0.06)	(0.09)
DVR_{t-1}	0.523***			0.362**		
	(0.15)			(0.13)		
FDI_{t-1}	-0.031	0.003	-0.052	0.069	0.058	0.051
	(0.07)	(0.06)	(0.15)	(0.11)	(0.03)	(0.14)
FDI_{t-2}	-0.147**	-0.022	-0.151	-0.178*	-0.079	-0.184**
	(0.10)	(0.08)	(0.13)	(0.11)	(0.15)	(0.07)
GVC_{t-1}		0.725***			0.518***	
		(0.06)			(0.12)	
$VAXR_{t-1}$			0.533***			0.364*
			(0.09)			(0.18)
常数项	-0.531	-0.318**	-0.701*	-0.697***	-0.533***	-0.615**
	(0.67)	(0.21)	(0.42)	(0.18)	(0.09)	(0.21)
观察值	354	354	354	368	368	368
AR(1)	0.0021	0.0035	0.0018	0.0062	0.0028	0.0036
AR(2)	0.4155	0.5238	0.6972	0.8359	0.6571	0.8521
Sargan	1.000	1.000	1.000	1.000	1.000	1.000
$Wald-c^2$	1436.25	1128.17	625.39	371.26	718.55	403.26
	(0.00)	(0.00)	(0.00)	(0.00)	(0.00)	(0.00)

注：同表5-3。

需要说明的是，由于前述各表的回归结果均表明，当不区分服务投入的国别来源结构，而仅以制造业内含总服务投入作为制造业服务化的替代变量时，无论以何种指标作为制造业全球价值链分工地位的替代变量，回归结果均不显著。因此在表5-6的回归结果中，不再报告以此为解释变量的回归估计，而仅报告区分服务投入来源的两种制造业服务化水平测度指标的回归估计结果。表5-6前3列即是分别以3种测度指标表征的制造业全球价值链分工地位为解释变量的去尾样本回归估计结果,前3列即是与前3列同样逻辑的去尾样本回归估计结果。从表5-6的回归结果可以看出,去头样本的回结果与前述基于全样本的回归结果具有高度的统一性。也就是说,在相对较低收入的国家中模型回归结果表现得相对稳健。但在去尾样本中,值得注意的是,以国内服务投入占比表示的制造业服务化变量,其系数估计值在各列中虽然依旧为正,但显著性已经大大降低。这一结果可能与前文的预期和判断有关。也就是说,在高度发达的经济体,其制造业服务化发展水平已经发展到一个很高的阶段,进一步提升的空间可能极其有限,继续依托国内服务的投入而提升制造业服务化水平,从而显著改善其制造业全球价值链分工地位已经基本走到尽头。有关研究表明,制造业与服务业之间存在着互补协调发展机制,目前美国等实施的所谓再工业化战略,实质上是服务业相对于制造业发展有些过度而进行的适当调整(黄永春,2013)。如果利用上述研究发现是正确的,那么确实意味着对于部分发达经济体而言,制造业服务化的发展空间已经极其有限,从而能够在一定程度上为本书所得上述计量结果提供佐证。此外,就其他解释变量的回归结果看,对制造业全球价值链分工地位的影响和全样本中所得回归估计还是基本一致的,总体来看,模型在子样本中通过了较好的结果一致性稳健检验。

三、基于内生性处理回归结果

由于制造业服务化对制造业攀升价值链的影响,可能存在双向关系,即制造业价值链分工地位提升也会带动服务化水平的提高。为此,我们以子样本为例,在对计量模型(5-13)进行系统 GMM 回归估计时,分别进行了控制制造业服务化为内生变量,所得回归结果如表5-7所示。

表5-7 内生性处理的回归结果

	去尾样本			去头样本		
	DVR	GVC_Position	VAXR	DVR	GVC_Position	VAXR
DSR	0.081	0.015	0.102*	0.105***	0.008*	0.119***
	(0.05)	(0.03)	(0.06)	(0.03)	(0.02)	(0.03)
FSR	-0.160**	-0.084***	-0.142***	-0.204***	-0.127***	-0.197***
	(0.06)	(0.02)	(0.05)	(0.05)	(0.03)	(0.06)

续表

	去尾样本			去头样本		
	DVR	GVC_Position	VAXR	DVR	GVC_Position	VAXR
CAP	-0.130***	-0.046**	-0.130***	-0.071**	-0.028	-0.090*
	(0.04)	(0.02)	(0.04)	(0.03)	(0.02)	(0.05)
EFI	0.359*	0.214***	0.382**	0.311***	0.220***	0.329***
	(0.18)	(0.06)	(0.16)	(0.10)	(0.06)	(0.09)
RESO	0.005	0.006	0.004	-0.004	0.001	-0.001
	(0.02)	(0.01)	(0.02)	(0.01)	(0.01)	(0.01)
EDU	-0.002	-0.011	-0.005	-0.032	-0.028**	-0.036
	(0.04)	(0.02)	(0.03)	(0.02)	(0.01)	(0.03)
FDI	-0.004	0.025	0.004	-0.008	0.017	0.018
	(0.19)	(0.06)	(0.16)	(0.25)	(0.07)	(0.25)
DVR_{t-1}	0.577***			0.359**		
	(0.13)			(0.16)		
FDI_{t-1}	-0.033	0.005	-0.0620	0.0840	0.0670	0.0470
	(0.09)	(0.03)	(0.11)	(0.14)	(0.06)	(0.12)
FDI_{t-2}	-0.154**	-0.025	-0.149	-0.173**	-0.085	-0.197**
	(0.07)	(0.04)	(0.09)	(0.09)	(0.11)	(0.09)
GVC_{t-1}		0.739***			0.533***	
		(0.08)			(0.14)	
$VAXR_{t-1}$			0.542***			0.364*
			(0.14)			(0.22)
常数项	-0.652	-0.370**	-0.637*	-0.784***	-0.498***	-0.702**
	(0.54)	(0.16)	(0.34)	(0.21)	(0.14)	(0.27)
控制内生变量	YES	YES	YES	YES	YES	YES
观察值	354	354	354	368	368	368
AR(1)	0.0019	0.0019	0.0027	0.0057	0.0021	0.0082
AR(2)	0.3414	0.4778	0.7499	0.9325	0.4444	0.9064
Sargan	1.000	1.000	1.000	1.000	1.000	1.000
$Wald-c^2$	1445.71	1155.18	608.49	364.77	785.72	420.10
	(0.00)	(0.00)	(0.00)	(0.00)	(0.00)	(0.00)

注：同表5-3。

由表 5-7 的回归结果可见,将不同指标测度下的制造业服务化变量控制为内生变量后,系统 GMM 的回归结果与前述表 5-6 的回归结果进行比较,本书所重点关注的制造业服务化水平等变量,其回归结果与前述各表基本一致,并无实质性差异,从而在一定程度上表明前述回归结果的可靠性。对此,本书不再赘述。

四、回归结果的进一步讨论

综合以上回归结果可以发现一个非常有意思的结果,那就是制造业服务化对全球价值链分工地位的影响,取决于制造业服务化的测度指标。具体而言,如果制造业服务化水平的提高是依托国内服务投入增加的话,那么其对制造业攀升全球价值链具有显著的积极促进作用;如果制造业服务化水平的提高是依托国外服务投入增加的话,那么其对制造业攀升全球价值链具有显著的抑制作用;如果对服务投入的国别来源结构不加区分而笼统地谈制造业服务化,那么其对攀升全球价值链的影响效应并不明确。之所以出现上述情况,原因可能有两种。一种是与现有研究发现中国制成品出口技术复杂度赶上发达国家的现象类似,主要是因为制成品内含技术较高的来自经济体的中间品(Johnson,2009;Moran,2011)。从这一角度看,如果制造业服务化水平的提高依托的是国外服务投入的增加,那么在表面上或者仅仅考察产业协同支撑关系角度,是有利于制造业价值链攀升的,但是剔除国务服务投入后的影响而仅从自身附加值创造能力来看,则会形成不利影响。尤其是在分工日益细化、附加值增值愈发来自服务增值环节的话,那么上述结果的出现就更自然了。也就是说,越是依托国外服务投入增加值,本国制造业环节的附加值创造提升空间可能相对就会较小,从而不利于制造业价值链的真实攀升。

另一种从价值链的掌控能力角度看,犹如前文分析指出,当前发达国家之所以在全球价值链中能够处于主导和控制地位,关键因素之一在于其拥有发达的生产性服务业作为支撑。现有文献也较为系统和全面地探讨,并且肯定了生产性服务业在促进制造业攀升全球价值链中的重要作用,当然这也正是本书所要验证的重要命题假说。从这一意义上看,如果一国制造业服务化水平的提升依赖于国外服务投入的增加,那么也就意味着其他国家通过服务业尤其是生产性服务业的输出,间接地主导了该国制造业的发展。从专业化分工角度而言,生产性服务环节和阶段具有更强的异质性、专业性和附加值创造性,而制造业相对而言则具有生产环节和阶段的标准化、易于操作化、通用化和低附加值化,因而更容易被锁定在价值链分工低端。这或许也是学术界通常所探讨的价值链低端锁定和俘获的一种重要作用机制。显然,如果一国制造业服务化水平的提升依赖于国内服务投入的增加,那么上述问题就不复存在,制造业价值链地位的攀升当然也就更为顺利。

由此可见,国内服务投入和国外服务投入两种不同的来源结构所带来的制造业服务化水平的提升,对制造业攀升全球价值链具有截然不同的影响,甚至可以说具有相左的作用机制。在全球价值链尤其是服务全球化和碎片化快速发展的分工条件下,作为中间投入的服务显然不仅来自于国内,同样也来自于国外。两种相互作用机制的存在,自然会使得整体层面意义上的制造业服务化对价值链攀升效应的不显著。当然,最终结果如何,可能要取决于制造业服务化更倚重于哪一种服务投入来源,或者说哪一个机制的作用更为强劲。

第四节 结论及启示

虽然生产性服务业对于制造业转型升级和攀升全球价值链的重要作用已被学术界基本肯定,但制造业服务化究竟能否促进价值链升级,至今仍是停留在理论推演层面的一个命题假说。更为重要的是,包括服务碎片化在内的全球价值链分工深度演进,意味着作为中间投入的服务不仅可以来自于本国,也可以来自于国外,从而制造业服务化便有不同的服务投入来源结构。这种差异是否会影响制造业服务化对价值链攀升的影响,同样是一个鲜见研究的重要命题。以前一章分析所得命题假说为理论先导,本章进一步利用跨国面板数据对理论假说进行逻辑一致性计量检验。

一、主要结论

鉴于此,本书运用 WIOD 发布的最新世界投入产出表,以出口国内附加值率、国内附加值出口占比和全球价值链分工地位指数作为制造业全球价值链分工地位的替代变量,并且在制造业内含服务总投入占比、制造业内含国内服务投入占比以及制造业内含国外服务投入占比三个层面上,分别测算了44个样本经济体2000~2014年全球价值链分工地位以及制造业服务化水平,据此在有效控制其他解释变量的前提下,运用跨国面板数据对制造业服务化影响全球价值链分工地位的实际影响进行了计量检验。结果发现:①在不区分服务投入的国内外来源结构差异,而笼统地从整体层面上测算制造业服务化时,其对制造业攀升全球价值链的影响效应并不确定。②仅从国内服务投入角度看,据此测度的制造业服务化水平的提升,对制造业攀升全球价值链具有显著的积极促进作用。③仅从国外服务投入角度看,据此测度的制造业服务化水平的提升,对制造业攀升全球价值链具有显著的抑制作用。④综合以上结果可以看出,由于不同服务投入来源所带来的制造业服务化水平提升,对制造业攀升全球价值链具有显著的差异性影响,但这并不意味着本书所要验证的机制假说不成立;相反,制造业服务化对价值链攀升的确具有重要意义。但在服务全球化条件下,需要更加注重国内服务投入的重要性。

二、政策启示

本书的研究不仅有助于我们理解中国制造业攀升全球价值链的影响因素,同时对于从制造业服务化角度探寻攀升全球价值链的有效对策有重要的政策含义。当前,中国制造业正处于转型升级的关键阶段和亟待攀升全球价值链的紧要当口。许多研究认为,制造业转型升级和攀升全球价值链不力,正是因为中国制造业服务化发展水平滞后所致,至少可以说是关键制约因素之一,因此,如何提升制造业服务化发展水平自然成为科学有效的对策举措。可能正因如此,《中国制造2025》战略规划中将提升制造业服务化发展水平作为制造业未来发展的重要方向和内容。这一点无疑是正确的。但是在包括服务碎片化的全球价值链分工条件下,制造业服务化发展不能简单地为服务化而服务化,需要有效区别服务投入的国别来源。在整体层面笼统地谈制造业服务化,可能对于价值链攀升并无实质性意义,糟糕的情况下还有可能会出现所谓价值链低端锁定和被俘获,产生严重的抑制和阻碍作用。因此,制造业服务化水平的提高应该更多地倚重于本国服务投入的增加,这也就需要加快发展本国生产性服务业。换言之,唯有立足于本国生产性服务业发展良好的坚实基础之上,制造业转型升级和价值链攀升才真正具有坚实的基础和可靠的支撑力。

第六章 实证检验Ⅱ：基于中国行业面板数据的经验证据

第五章利用跨国面板数据，对第四章分析形成的理论假说进行了逻辑一致性计量检验。本章再利用中国行业面板数据，对理论假说进行进一步的逻辑一致性计量检验，以期获得更加有说服力和更为可靠的结果。

第一节 特征事实

利用第五章介绍的测度方法，我们测算了2000~2014年中国制造业行业层面的制造业服务化水平，包括总服务投入占比表示的各制造业行业的服务化水平、国外服务投入占比表示的各制造业行业的服务化水平以及国内服务投入占比表示的各制造业行业的服务化水平。

一、基于服务投入来源国的比较

近年来，伴随产业结构的转型升级尤其是向服务业不断倾斜的产业结构软化发展趋势，以及服务业全球化和碎片化发展、制造业服务化发展趋势日趋明显的同时，制造业服务化从服务投入的来源国上看也呈全球化。借鉴最新的测度方法，本书测算了18个制造业行业的制造业服务化三种指标：基于服务总投入的制造业服务化指数（TSR）、基于国外服务投入的制造业服务化指数（FSR）以及基于国内服务投入的制造业服务化指数（DSR）。图6-1给出了2014年18个制造业行业的三种测度指标的制造业服务化情况。

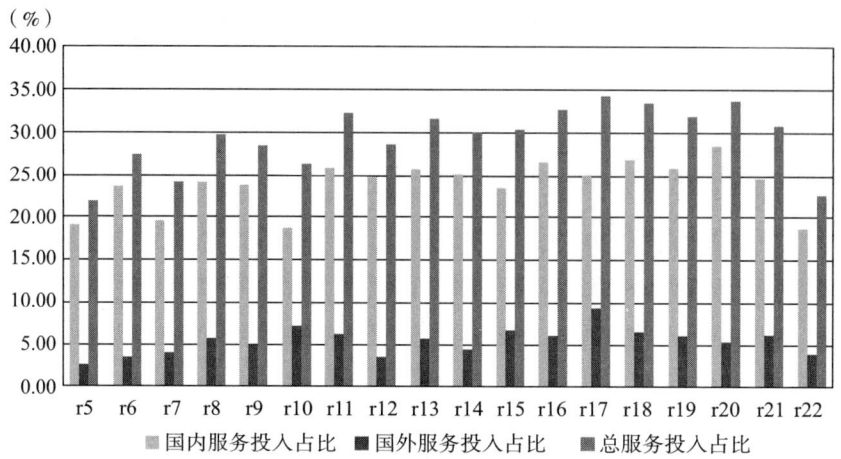

图 6-1 2014 年中国各行业制造业服务化水平

由图 6-1 显示的结果来看，总服务投入占比表示的各制造业行业的服务化水平虽然不尽相同，但总体发展水平不低。其中计算机、电子及光学设备制造业的总体制造业服务化水平已经达到了 34.22%。最低的行业是食品、饮料及烟草业行业，其制造业服务化水平为 21.43%。由此可见，服务化投入在制造业生产过程中的确占据了一定位置。进一步地，从服务投入的国内外构成来看，虽然各行业的测算结果均表明国内服务投入仍然占据主导地位，但源自国外的服务投入同样占据着不可忽视的比重。比如在计算机、电子及光学设备制造业中，来自国外服务投入占据总服务投入的比重高达 27.12%，国外服务投入与国内服务投入之比为 37.20%。由此可见，在服务业全球化和碎片化的价值链分工体系下，来自国外的服务投入，在制造业服务化发展中已经扮演着极为重要的角色。这一客观事实初步说明，忽视国外服务投入的来源结构、笼统地谈制造业服务化及其对价值链分工地位的影响是有失偏颇的，所得结论也是不准确、不可靠的。

二、相关关系的初步考察

传统文献分析虽然认为制造业服务化有助于价值链分工地位的提升，但本书的理论修正分析表明，考虑到全球价值链包括服务业，从而制造业服务化过程中内含不同来源国的服务投入，因而对价值链攀升的作用结果可能更加具有不确定性。为从直观上认识制造业服务化是否对价值链攀升具有促进作用,我们先通过散点图对制造业服务化与价值链分工地位之间的关系进行初步考察。需要进一步说明的是,在制造业价值链分工地位的测度指标上,目前学术界尚未形成普遍认可的统一测度方法。相对而言,目前采用相对普遍的三种测度方法分为国内附加值出口占比指数(Ratio of Value – added Exports to Gross Exports,VAXR)、出口国内附加值率指数(Domestic Value Added Ratio,DVR)以及全球价值链分工地位指数($GVC\_Position$),为了更加客观和全面地进行考察,本文同时采用上述三种测度指标作为制造业全球价值链分工地位的替代变量。将三种表征全球价值链分工地位指数的替代变量分别与表征制造业服务化的三种测度指标即制造业内含服务总增加值率(TSR)、内含国内服务增加值率(DSR)以及内含国外增加值率(FSR)进行匹配,得到如图6 – 2所示的共9张散点线性拟合图。

图6 – 2第一列的3张图反映的是基于国内服务投入所表征的制造业服务化,与全球价值链分工地位指数的三种测度指标之间的散点线性拟合图。依次类推,第二列和第三列分别是基于国外服务投入以及服务总投入表征的制造业服务化,与全球价值链分工地位指数的三种测度指标之间的散点线性拟合图。就第一列的显示结果看,行业内含国内服务增加值率(DSR)与不同的价值链分工地位指标间表现出的相关性并未表现出显著的趋势性特征,国内服务投入增加所推动的制造业服务化,是否促进了价值链攀升,仍有待进一步的计量检验。与第一列的不显著的相关性特征相比,第二列的散点线性拟合图表明,行业内含国外服务增加值率(FSR)与不同的价值链分工地位指标间均表现出显著的负相关性,这一点初步显示了依托国外服务投入所实现的制造业服务化对价值链的攀升可能产生不利影响。

图6 – 2第三列的散点线性拟合图表明,行业内含服务总增加值率(DSR)与不同指标表征的价值链分工地位之间均表现出微弱的负相关性。由于服务总增加值率实际上是国内服务投入和国外服务投入的综合结果,因此,第一列出现的相关性的不显著以及第二列出现的显著负相关性自然就出现第三列负相关性的较大可能。但是通过对比第三列和第二列的结果,图形展示的直观结果就是,行业内含服务总增加值率与制造业价值链分工地位之间的负相关性要弱于行业内含国外增加值率与制造业价值链分工地位之间的负相关性,因此,这一微弱的差异如果是国内服务和国外服务投入的综合结果所致,那么这又似乎说明在第一列的不

显著结果中仍然暗含国内服务投入所推动的制造业服务化对价值链攀升的肯定积极作用。当然，图6-2所展示的结果，只是针对不同类型的制造业服务化与价值链分工地位之间的关系，或者说对上文提出的命题假说提供了直观认识。但两者的关系究竟如何以及是否如前文分析判断的那样，还需要进一步通过实证检验予以确认。

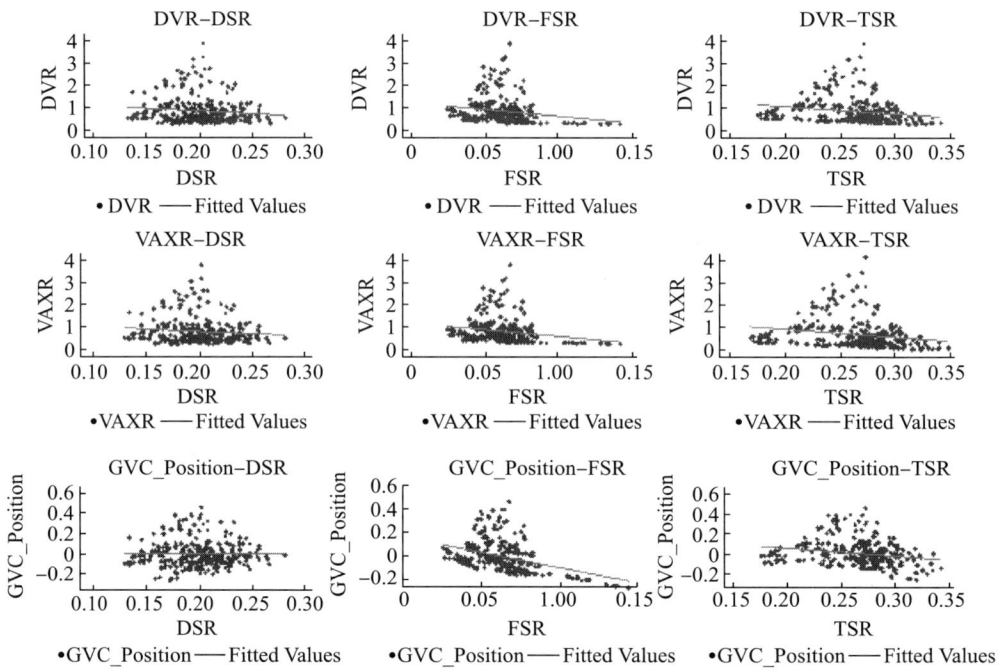

图6-2 中国行业价值链分工地位与制造业服务化数据散点拟合图

资料来源：笔者根据计算结果绘制。

第二节 变量选取、模型设定及数据说明

上述特征化事实分析，虽然能够为本书的理论假说提供一些直观上的经验认

识,但仍然缺乏有说服力的实证检验支撑,尤其是缺乏基于中国经验数据的计量检验支撑。本节及以下部分将基于全球投入产出数据库(WIOD)提供的基础数据,借鉴测度制造业全球价值链分工地位指数等最新方法,利用中国行业面板数据,对前文理论假说进行进一步的计量检验。

一、变量选取与模型设定

除了最为关注的制造业服务化这一核心解释变量外,综合现有文献对全球价值链分工地位影响因素的分析以及数据可得性,考虑计量模型数据的可得性等问题,此处还将在计量模型中纳入如下解释变量:行业层面的固定资本存量(CAP)。通常而言,资本是创造附加值进而影响价值链分工地位的重要条件。行业层面的外国直接投资(FDI)。虽然利用外资是否具有技术外溢效应等存在较大争论和分歧,但这种争论本身就说明其对价值链分工地位的可能影响。对于行业层面的研发水平(RD)而言,研发投入决定了技术进步和产出技术含量,因而对于制造业全球价值链攀升具有重要影响,这一思想和判断也得到了大多数研究者的证实(王玲和Szirmai,2008)。至于行业层面的利润水平(Prf),由于其直接反映该产业的生产性差异,是其在国际市场中竞争力水平的重要体现,可能影响制造业行业全球价值链攀升。

与此同时,考虑到经济惯性的作用,即现有国际分工地位对下一期国际分工地位的影响,因为即便是制造业价值链分工地位尤其是价值链分工地位攀升也不可能是一蹴而就的,通常是以现实为基础的一个渐进变化过程。据此,本书将被解释变量的滞后一期作为解释变量纳入到计量模型中,最终构建一个动态面板数据模型:

$$GVC_{i,t} = \beta_0 + \beta_1 GVC_{i,t-1} + \beta_2 SR_{i,t} + \beta_3 CA_{i,t} + \beta_4 FDI_{i,t} + \beta_5 RD_{i,t} + \beta_6 Prf_{i,t} + \mu_i + \gamma_t + \varepsilon_{i,t}$$
(6-1)

其中,GVC表示的三种测度指标表征的制造业价值链分工地位,SR表示的三种指标测算的制造业服务化水平,μ表示的是行业固定效应变量,γ表示的是时期固定效应变量,$\varepsilon_{i,t}$表示误差项。

二、数据来源及说明

上述变量测度所使用的数据来源如表 6-1 所示。需要说明的是，世界投入产出数据库提供的世界投入产出表数据共有两套，一套涵盖的时间范围为 1995~2011 年；另一套是 2016 年发布的最新数据，涵盖的时间范围为 2000~2014 年。从产业分类角度看，后者产业分类也更为细致。因此考虑到后者数据年限更具时效性且行业分得更为细致，本书测算所采用的 WIOD 数据是 2016 年发布的最新数据，据此测算了中国 18 个制造业行业的价值链分工地位指数以及制造业服务化水平。

表 6-1 变量选择及数据来源

变量	变量名称	变量的解释意义	数据来源
TSR	总服务占比	制造业行业出口产品中内含服务增加值总投入占制造业总值出口比率	作者根据 WIOD 世界投入产出表计算获得
DSR	国内服务占比	制造业行业出口产品中国内服务增加值投入占制造业总值出口比率	作者根据 WIOD 世界投入产出表计算获得
FSR	国外服务占比	制造业行业出口产品中国外服务增加值投入占制造业总值出口比率	作者根据 WIOD 世界投入产出表计算获得
DVR	出口国内附加值率	中国行业出口产品中国内增加值比率	作者根据 WIOD 世界投入产出表计算获得
VAXR	国内附加值出口占比	中国行业国内附加值占行业总值出口比例	作者根据 WIOD 世界投入产出表计算获得
GVC_Position	全球价值链分工地位指数	中国行业在全球价值链中的分工地位指数	作者根据 WIOD 世界投入产出表计算获得
CAP	固定资本存量	对应行业的固定资本存量	《中国工业统计年鉴》
RD	研发支出	对应制造业行业研发内部支出	《中国科技统计年鉴》
FDI	外商直接投资	单位生产规模下各产业外商直接投资额	《中国统计年鉴》《中国工业统计年鉴》《中国工业经济统计年鉴》
Pfr	行业利润水平	各产业成本费用利润率	《中国统计年鉴》《中国工业统计年鉴》《中国工业经济统计年鉴》

第三节 实证结果及分析

如同第五章分析所指出的,对全球价值链分工地位的测度指标,目前采用的较为普遍的有三种方法,即以出口国内附加值率、国内附加值出口占比和全球价值链分工地位指数,作为全球价值链分工地位的替代变量。为保持研究逻辑上的一致性,此处同样采用上述三种测度指标进行综合对比分析。针对计量模型(6-1),我们采用广义矩估计(GMM)方法对上述动态面板数据进行回归估计。对于适用动态面板的 GMM 估计方法,系统 GMM(SGMM)可以提高估计效率(Che 等,2013)。因此,本书采用系统 GMM 的动态面板估计方法对上述计量模型进行回归估计。

一、基于总样本的回归结果

基于总样本数据进行回归估计所得结果,分别如表 6-2、表 6-3 和表 6-4 所示。考虑到模型检验是否有效,在表 6-2、表 6-3 和表 6-4 的后几行一并报告了模型有效性检验结果。Sargan 检验的 P 值较大,可认为不存在过度识别问题;AR(1)、AR(2)检验结果表明扰动项在10%的显著性水平上接受一阶自相关假设,但显著拒绝二阶自相关,序列间不存在相关性。由此可见,针对系统 GMM 的过度识别检验及自相关检验,均显著拒绝回归的过度识别和自相关性,总体表明模型有效。

表 6-2 呈列的回归结果中,第 1 列是仅将出口国内附加值率滞后一期以及总服务占比表示制造业服务化作为解释变量时,进行回归估计所得,第 2 列是在此基础上同时纳入其他解释变量时进行回归估计所得。第 3 列和第 4 列以及第 5 列和第 6 列呈列回归结果的逻辑与第 1 列和第 2 列一致,即在分别考虑国内服务投入占比和国外服务投入占比表示的制造业服务化变量,依次进行回归所得。第 7 列是同时纳入国内服务占比和国外服务占比两种指标表示的制造业服务化,进行回归估计所得,第 8 列则是在此基础上同时纳入其他所有解释变量进行回归估

计所得。表6-3和表6-4呈列回归结果的逻辑与表6-2一致，后文不再赘述。

表6-2　DVR作为被解释变量的全样本回归估计结果

	模型(1)	模型(2)	模型(3)	模型(4)	模型(5)	模型(6)	模型(7)	模型(8)
DVR_{t-1}	0.9012***	0.9035***	0.9026***	0.9063***	0.9128***	0.8947***	0.8912***	0.8537***
	(3.16)	(3.55)	(4.13)	(5.25)	(3.79)	(3.68)	(4.02)	(3.19)
TSR	0.1235	0.1109						
	(1.15)	(1.21)						
DSR			0.2346**	0.2407**			0.2216**	0.2087**
			(2.17)	(2.29)			(2.35)	(2.58)
FSR					-0.4027***	-0.4159***	-0.3892***	-0.4068***
					(-4.18)	(-3.16)	(-3.67)	(-4.28)
CAP		-0.0128		-0.0213		-0.0285		-0.0367
		(-1.05)		(-1.32)		(-0.98)		(-1.16)
RD		0.0146**		0.0158***		0.0182***		0.0164**
		(2.23)		(3.17)		(3.64)		(2.36)
FDI		-0.0029***		-0.0031***		-0.0033***		-0.0031***
		(-4.21)		(-4.35)		(-3.87)		(-4.16)
Prf		0.0124***		0.0118***		0.0130***		0.0125***
		(3.77)		(3.71)		(4.25)		(4.13)
常数项	0.2172	0.2359	0.2516**	1.1725**	1.1523***	-1.0131***	-0.9028**	-1.4240**
	(0.98)	(1.15)	(2.27)	(2.13)	(3.62)	(4.16)	(2.35)	(2.73)
AR(1)	0.0258	0.0327	0.0136	0.0312	0.0275	0.0386	0.0198	0.0428
AR(2)	0.7936	0.5682	0.6319	0.5129	0.4386	0.3018	0.3528	0.2973
Sargan	0.9935	0.9918	0.9932	0.9936	0.9918	1.0000	0.9937	1.0000
$Wald-\chi^2$	1635.37	6610.33	4412.27	3624.18	2305.26	836.28	935.28	916.26
	(0.00)	(0.00)	(0.00)	(0.00)	(0.00)	(0.00)	(0.00)	(0.00)

注：①括号内为t或z统计量；②*、**和***分别表示10%、5%和1%的显著性水平；③模型控制了行业和年度的固定效应；下表同。

从表6-2第1列的回归结果可以看出，以服务总投入占比为表征的制造业服务化变量，其回归系数值虽然为正，但并不具备显著性影响，说明以此表示的制造业服务化对制造业全球价值链分工地位并没有显著的促进作用。这一发现与前文理论分析中所提出的命题假说1也是一致的。滞后一期的出口国内附加值率变量的回归系数值为正，其在1%显著性水平下通过了统计检验，说明全球价值链分工地位变化确实具有惯性影响，这一结果基本符合通常的理论预期。

仅以国内服务投入占比表示的制造业服务化为解释变量，表6－2第3列的回归估计结果显示，其系数估计值为0.2346，且在5%的显著性水平下通过了统计检验。这一结果说明，依托于国内服务投入占比提高的制造业服务化发展对全球价值链分工地位提升具有显著的促进作用。前文的理论假说3得到了较好的逻辑一致性计量验证。在纳入其他解释变量后，第4列的回归估计结果表明，以国内服务投入占比表示的制造业服务化解释变量，其系数估计值为0.2407，且在5%的显著性水平下通过了统计检验，说明这一核心解释变量的估计结果并非发生实质性变化，具有较好的稳定性和可靠性。至于滞后一期的出口国内附加值率变量，第3列和第4列的回归估计结果，与对应前述的第1列和第2列的估计结果基本无异，此处不再赘述。

仅以国外服务投入占比表示的制造业服务化为解释变量，表6－2第5列的回归估计结果显示，其系数估计值为－0.4027，且在1%的显著性水平下通过了统计检验。这一结果说明，依托于国外服务投入占比提高的制造业服务化发展，不仅对全球价值链分工地位的提升不具有显著的促进作用，反而产生了抑制作用。由此，前文的理论假说2得到了较好的逻辑一致性计量验证。在纳入其他解释变量后，第6列的回归估计结果表明，以国外服务投入占比表示的制造业服务化解释变量，其系数估计值为－0.4159，并且依然在1%的显著性水平下通过了统计检验，说明这一核心解释变量的估计结果同样未发生实质性变化，具有较好的稳定性和可靠性。滞后一期的出口国内附加值率变量回归估计结果，同样显示出了较好的稳定性。

由于表6－2第3～6列的回归结果表明，基于国内、国外不同服务投入来源的制造业服务化发展，的确对全球价值链具有本质差异性的不同影响，且表现出较高的显著性，为此，我们再将这两个变量同时纳入到计量模型中进行再估计，回归结果如表6－2第7列和第8列所示。与第3列和第5列的回归结果相比，第7列的回归结果表明，区别国内服务投入和国外服务投入占比的制造业服务化水平，仍然保持了与前述较为一致的影响效应，即基于国内服务投入的制造业服务化发展系数估计值为正且通过了显著性统计检验，而基于国外服务投入的制造业服务化发展系数估计值为负且同样通过了显著性统计检验。再分别纳入其他解释变量后的第8列回归估计结果显示,两个核心解释变量的系数估计值及其显著性与前述各列显示的结果均具有较高的一致性。综合表6-2中各列回归结果,前文理论假说1、理论假说2和理论假说3均得到了较好的逻辑一致性计量检验。

至于其他解释变量,综合各列的回归结果看,固定资本存量(CAP)的影响并不具有显著性,可能的原因在于中国产业发展在前期主要表现为以资本扩张的要素驱动型,因而对价值链攀升并没有显现出显著的推动作用。研发投入(RD)和行业利润率(Prf)各列的系数回归估计值均为正且通过了显著性统计检验,表明这一因素对各行业的价值链攀升均具有促进作用,这一点也是与通常的预期相吻合的。有些出乎意料的是,外商直接投资(FDI)在各列的系数估计值均为负且均通过了显著性统计检验,表明利用外资不仅对攀升全球价值链具有助推作用,反而阻碍了各行业向全球价值链高端的攀升。出现这一结果可能与学术界所讨论的市场换技术失败有关(张幼文,2015),即一方面利用外资所形成的技术外溢等效应十分有限,另一方面利用外资所带入中国市场的技术本身就处于边缘化。

表6-3 VAXR作为被解释变量的全样本回归估计结果

变量	模型(1)	模型(2)	模型(3)	模型(4)	模型(5)	模型(6)	模型(7)	模型(8)
$VAXR_{t-1}$	0.8351** (2.78)	0.8266*** (3.12)	0.8719*** (6.28)	0.8165*** (4.36)	0.8027** (2.92)	0.7944*** (3.35)	0.8237*** (3.87)	0.8018*** (3.11)
TSR	0.1085 (1.04)	0.1037 (0.94)						
DSR			0.2213** (2.36)	0.2238** (2.59)			0.2067** (2.17)	0.2145** (2.36)
FSR					-0.3974*** (-3.59)	-0.3827*** (-3.89)	-0.3901*** (-4.52)	-0.3861*** (-3.32)
CAP		-0.0138 (-1.37)		-0.0185 (-1.66)		-0.0213 (-1.28)		-0.0274 (-1.03)
RD		0.0151** (2.35)		0.0143*** (3.62)		0.0169*** (3.18)		0.0158** (2.43)

续表

变量	模型（1）	模型（2）	模型（3）	模型（4）	模型（5）	模型（6）	模型（7）	模型（8）
FDI		-0.0031**		-0.0027**		-0.0029***		-0.0029***
		(-2.19)		(-2.28)		(-3.67)		(-3.32)
Prf		0.0131***		0.0127***		0.0129***		0.0132***
		(3.28)		(3.65)		(3.14)		(3.27)
常数项	0.4128*	0.3677	0.3018**	1.1291**	0.9543**	-0.5136**	-0.7521**	-0.5214**
	(1.98)	(1.33)	(2.52)	(2.71)	(2.22)	(-2.16)	(-2.19)	(-2.36)
AR(1)	0.0138	0.0452	0.0329	0.0239	0.0328	0.0516	0.0283	0.0674
AR(2)	0.8125	0.6471	0.3528	0.4312	0.4795	0.2978	0.3583	0.4125
Sargan	0.9836	0.9759	0.9824	0.9768	0.9852	0.9733	0.9879	1.0000
Wald-χ^2	2137.54	5382.36	4918.27	3956.28	2987.55	1136.77	1207.58	1031.29
	(0.00)	(0.00)	(0.00)	(0.00)	(0.00)	(0.00)	(0.00)	(0.00)

注：同表6-2。

以国内附加值出口占比（VAXR）为被解释变量的全样本回归估计结果如表6-3所示。与表6-2的回归估计结果较为类似，三种不同类型的制造业服务化，即不同测度指标表示的制造业服务化替代变量，其系数估计值及影响的显著性方面具有巨大差异。具体而言，表6-3第1列和第2列的回归结果显示，以总服务投入占比测度的制造业服务化，对以国内附加值出口占比表示的制造业全球价值链分工地位并无显著影响。但将服务投入占比区分国内和国外不同来源时，回归结果不仅具有显著性，而且呈现出截然相反的影响。第3列和第4列的回归结果表明，以国内服务投入占比测度的制造业服务化变量的回归系数不仅为正，且均在5%的显著性水平下通过了统计检验；而第5列和第6列的回归结果表明，以国外服务投入占比测度的制造业服务化变量的回归系数不仅为负，且均在5%的显著性水平下通过了统计检验。这说明，依托国内服务投入占比提升的制造业服务化对制造业全球价值链的攀升具有显著促进作用；而依托国外服务投入占比提升的制造业服务化对制造业全球价值链的攀升不仅不具有显著促进作用，反而表现出巨大的抑制性，进而可能具有低端锁定的作用和功能。第7列和第8列的回归结果进一步验证了依托国内和国外两种不同来源的制造业服务化对制造业攀升全球价值链的差异性影响，说明了前述检验结果的稳定性和可靠性。总之，以国内附加值出口占比作为制造业全球价值链分工地位的替代变量，表6－2的回归结果进一步验证了前文理论分析中的假说1、假说2和假说3。至于其他解释变量，所得结果与前述表6－2基本未出现实质性差异，对此不再赘述。

表6－4 GVC_ Position 作为被解释变量的全样本回归估计结果

变量	模型（1）	模型（2）	模型（3）	模型（4）	模型（5）	模型（6）	模型（7）	模型（8）
$GVC\_Position_{t-1}$	0.8124 ** (2.21)	0.8319 *** (3.67)	0.8057 *** (4.25)	0.8321 *** (3.77)	0.8135 *** (2.58)	0.7869 *** (3.16)	0.8028 *** (3.29)	0.8171 *** (3.76)
TSR	0.1225 (1.33)	0.1167 (1.26)						
DSR			0.2138 ** (2.31)	0.2105 ** (2.05)			0.2216 ** (2.28)	0.2273 ** (2.553)
FSR					－0.3244 *** (－2.74)	－0.3198 *** (－3.26)	－0.3325 *** (－3.58)	－0.3218 *** (－2.74)
CAP		－0.0124 (－1.25)		－0.0133 (－1.31)		－0.0179 (－1.19)		－0.0198 (－1.36)
RD		0.0146 *** (3.64)		0.0149 ** (2.73)		0.0151 *** (3.65)		0.0153 ** (2.51)
FDI		－0.0029 ** (－2.35)		－0.0030 ** (－2.21)		－0.0028 ** (－2.07)		－0.0026 *** (－3.18)
Prf		0.0143 *** (3.17)		0.0136 ** (2.29)		0.0141 *** (3.67)		0.0145 *** (3.28)
常数项	0.5123 * (1.98)	0.4725 * (1.95)	0.4892 ** (2.52)	0.8516 ** (2.71)	0.93353 ** (2.22)	－0.6827 ** (2.16)	－1.1701 ** (2.19)	0.6428 ** (2.36)
AR（1）	0.0235	0.0312	0.0217	0.0325	0.0678	0.0384	0.0316	0.0528
AR（2）	0.6157	0.5216	0.4332	0.4789	0.5263	0.3988	0.3679	0.4328
Sargan	0.9926	0.9873	0.9935	0.9921	0.9877	0.9938	1.0000	1.0000
$Wald-\chi^2$	2218.67 (0.00)	5957.24 (0.00)	4726.35 (0.00)	3879.33 (0.00)	3125.36 (0.00)	1812.26 (0.00)	1354.62 (0.00)	1207.15 (0.00)

注：同表6－2。

为了进一步综合对比和更加全面地分析,以全球价值链分工地位指数(GVC_Position)作为被解释变量,对计量模型(12)再估计,所得回归结果如表6-4所示。从中不难发现,就本书最为关心的核心解释变量而言,即分别以服务总投入、国内服务投入和国外服务投入占比表示的制造业服务化替代变量,无论是回归系数估计值的正负性还是影响的显著性,与前述基于DVR和VAXR作为被解释变量的回归估计所得表6-2和表6-3的结果相比,均保持了较为稳定的一致性,从而前文理论假说1至理论假说3再次得到了较好的逻辑一致性计量验证。

综合以上实证分析,可以初步证实,在包括服务业在内的全球价值链分工条件下,不区分服务投入的国内外来源差别时,笼统意义上的制造业服务化对制造业全球价值链分工地位的影响是不确定、不明显的;而一旦区分上述来源差别,依托国内服务投入实现的制造业服务化与依托国外服务投入实现的制造业服务化,对制造业攀升全球价值链具有显著的正向影响,即前者表现出积极的促进作用,而后者表现出消极的阻碍作用。前文的理论假说由此得到了基本的计量验证。

二、基于行业分组层面的检验结果

上述计量检验结果只是从整体层面揭示了不同类型的制造业服务发展,对价值链攀升的影响还没有体现具有不同要素密集度特征的行业间可能存在的差异性。实际上,一方面,具有不同要素密集度特征的制造业行业对服务业的依赖程度不同,从而制造业服务化发展水平和空间会有所差别。戴翔(2016)的研究发现,具有不同要素密集度特征的制造业行业在服务投入含量方面确实存在显著差异。前文对图6-1的分析也证实了这一结果。另一方面,作为前述理论逻辑的延伸,具有不同要素密集度特征的制造业行业,对依托服务化攀升全球价值链的依赖程度以及作用空间可能也会有所不同。或者说,制造业服务化发展水平对制造业攀升全球价值链的影响可能会在具有不同要素密集度特征的制造业行业间存在差异。为此,本书借鉴邱爱莲等(2016)的划分方法,对前文样本数据中的18个制造业行业按照要素密集度特征划分为劳动密集型制造业、资本密集型制造业和技术密集型制造业三个组别。据此进一步计量检验不同要素密度特征的制造业行业服务化对攀升全球价值链的影响,所得回归结果如表6-5所示。由于前文的分析表明，就制造业全球价值链分工地位的三种测度指标而言，在计量检验结果中均没有显示出本质性差异，因此，此部分的计量检验仅给出 $GVC\_Position$ 作为被解释变量的分组回归估计结果。

表 6-5 基于要素密集度分行业回归估计结果

变量	劳动密集型		资本密集型		技术密集型	
	模型（1）	模型（2）	模型（3）	模型（4）	模型（5）	模型（6）
$GVC\_Position_{t-1}$	0.7816**	0.7352***	0.7957**	0.8012***	0.8237***	0.7966***
	(2.38)	(4.16)	(2.19)	(3.27)	(3.69)	(3.28)
TSR	0.1089		0.1125		0.1184	
	(1.25)		(1.25)		(1.25)	
DSR		0.2104**		0.2293**		0.2415**
		(2.28)		(2.69)		(2.17)
FSR		-0.3107**		-0.3182**		-0.3349**
		(-2.35)		(-2.66)		(-2.26)
CAP	-0.0139	-0.0142	-0.0157	-0.0173	-0.0136	-0.0182
	(-1.03)	(-0.79)	(-1.32)	(-1.28)	(-1.04)	(-1.57)
RD	0.0128**	0.0119**	0.0137***	0.0141**	0.0152***	0.0157***
	(2.73)	(2.69)	(3.16)	(2.37)	(3.95)	(3.66)
FDI	-0.0017**	-0.0021***	-0.0024**	-0.0021**	-0.0031**	-0.0030**
	(-2.15)	(-2.76)	(-2.31)	(-2.59)	(-2.19)	(-2.66)
Prf	0.0132***	0.0129***	0.0136***	0.0137***	0.0129***	0.0141**
	(3.17)	(3.28)	(3.12)	(3.19)	(3.17)	(2.28)
常数项	0.3755**	0.5832**	0.6135**	0.5973**	0.8928**	0.7133**
	(2.33)	(2.17)	(2.35)	(2.69)	(2.43)	(2.81)
AR（1）	0.0235	0.0367	0.0315	0.0532	0.0439	0.0279
AR（2）	0.4355	0.4179	0.5267	0.5328	0.6037	0.4218
$Sargan$	0.9903	1.0000	0.9982	0.9867	0.9915	0.9883
$Wald-\chi^2$	3218.16	4329.35	2973.82	3975.68	3028.17	4128.79
	(0.00)	(0.00)	(0.00)	(0.00)	(0.00)	(0.00)

注：同表 6-2。

表6-5中第1列和第2列是基于劳动密集型行业组的回归估计结果，其中第1列是以服务总投入占比表征的制造业服务化作为核心解释变量，并同时纳入其他解释变量进行回归所得，而第2列则是同时将国内服务投入占比和国外服务投入占比两种指标表征的制造业服务化作为核心解释变量，并同时纳入其他解释变量进行回归所得。第3列和第4列是基于资本密集型行业组的回归估计结果，第5列和第6列是基于技术密集型行业组的回归估计结果。后两组呈列回归估计结果的逻辑与劳动密集型行业组的逻辑一致。基于表6-5的回归估计结果，可以得出如下两个方面的基本结论。第一，无论是在劳动密集型行业组、资本密集型行业组还是技术密集型行业组，以服务总投入占比表征的制造业服务化变量的回归系数估计值虽然为正，但均未通过显著性统计检验，说明整体意义上的制造业服务化无论在何种要素密集型的行业组对全球价值链的攀升均未表现出显著的促进作用。以国内服务投入占比表征的制造业服务化变量，其回归系数估计值在各组中均为正且通过了显著性统计检验，而以国外服务投入占比表征的制造业服务化变量，其回归系数估计值在各组中均为负且同样通过了显著性统计检验，表明两者在各组中对制造业攀升全球价值链的影响均表现出显著的相反作用。可见，分组行业的回归估计结果与表6-4报告的基于总样本回归估计所得结果基本是一致的。第二，从核心解释变量在不同要素密集型行业组的回归结果差异性角度看，通过比较容易发现，首先基于国内服务总投入的制造业服务化变量在技术密集型行业组的系数估计值最大，其次是资本密集型行业组，最后是劳动密集型行业组。这一结果基本符合前文预期，即制造业服务化对不同要素密集型制造业行业攀升全球价值链的作用力是不同的，也可以说，依托制造业服务化而实现价值链攀升，不同要素密集型制造业行业的发展空间和潜力是存在差异的。

三、稳健性检验

考虑到回归估计结果的稳健性和可靠性，我们再采取两种方式进行稳健性检验。一是采用新的测度指标作为制造业全球价值链分工地位的替代变量，对计量模型（12）进行再估计；二是再控制内生性问题条件下对计量模型（12）进行再估计。

1. 基于替代指标的回归结果

决定和反映一国产业国际分工地位的不仅在于附加值创造能力，也在于产业技术水平，当然，上述两因素有较多的交叉性和较高的一致性，比如技术复杂度较高的行业往往具有加强的附加值创造能力，附加值创造能力较强通常对应的是技术复杂度较高的行业。但两者也并非完全等同，正如金碚（2012）研究所指出的，技术含量较高的产品未必就比技术含量较低的产品拥有更高的附加值创造率。因此，除了上述主要基于附加值测算的全球价值链分工地位三个替代变量外，再以行业出口技术复杂度（ES）作为全球价值链分工地位替代变量以进行进一步稳健性检验。行业出口技术复杂度的测算，本文借鉴 Hausmann 等（2007）的测算方法进行测度。据此对计量模型（6-1）进行再估计，所得回归结果如表6-6所示。

表6-6 ES 作为被解释变量的全样本回归估计结果

变量	总样本		劳动密集型		资本密集型		技术密集型	
	模型（1）	模型（2）	模型（3）	模型（4）	模型（5）	模型（6）	模型（7）	模型（8）
ES_{t-1}	0.8031** (2.19)	0.7928*** (3.28)	0.7932** (2.62)	0.7815*** (3.59)	0.8033*** (3.39)	0.8153*** (3.68)	0.8074** (3.17)	0.7859*** (3.85)
TSR	0.1013 (1.36)		0.1132 (1.57)		0.1097 (1.42)		0.1231 (1.39)	
DSR		0.1938** (2.33)		0.1725** (2.59)		0.1893** (2.37)		0.2166** (2.72)
FSR		-0.2036** (-2.41)		-0.1895** (-2.58)		-0.2082** (-2.19)		-0.2137** (-2.63)
CAP	-0.0141 (-1.51)	-0.0133 (-1.34)	-0.0135 (-1.28)	-0.0140 (-1.69)	-0.0149 (-0.85)	-0.0162 (-1.37)	-0.0146 (-1.66)	-0.0158 (-1.32)
RD	0.0115** (2.68)	0.0113** (2.35)	0.0106** (2.59)	0.0108** (2.37)	0.0117*** (3.57)	0.0120** (2.44)	0.0135*** (3.18)	0.0143** (3.24)
FDI	-0.0019* (-1.95)	-0.0023** (-2.76)	-0.0019** (-2.15)	-0.0020** (-2.76)	-0.0022** (-2.25)	-0.0023** (-2.17)	-0.0025** (-2.37)	-0.0021** (-2.42)

续表

变量	总样本		劳动密集型		资本密集型		技术密集型	
	模型（1）	模型（2）	模型（3）	模型（4）	模型（5）	模型（6）	模型（7）	模型（8）
Prf	0.0127**	0.0125**	0.0125***	0.0123***	0.0125***	0.0127***	0.0129***	0.0132**
	(2.35)	(2.28)	(3.55)	(3.19)	(3.35)	(3.68)	(3.07)	(3.13)
常数项	0.2598*	0.3074**	0.3587**	0.4937**	0.5328**	0.5109**	0.6231**	0.5839**
	(1.33)	(2.35)	(2.69)	(2.47)	(2.19)	(2.35)	(2.78)	(2.09)
$AR(1)$	0.0173	0.0258	0.0369	0.0297	0.0273	0.0356	0.0537	0.0816
$AR(2)$	0.5732	0.4984	0.5016	0.5319	0.5033	0.5179	0.6328	0.5322
$Sargan$	1.0000	0.9928	0.9956	0.9843	1.0000	0.9935	1.0000	1.0000
$Wald-\chi^2$	3068.52	4516.14	3176.28	4435.92	3074.89	4033.91	3125.17	3984.53
	(0.00)	(0.00)	(0.00)	(0.00)	(0.00)	(0.00)	(0.00)	(0.00)

注：同表6-2。

表6-5第1列和第2列的回归结果是基于总样本进行回归估计所得，而第3列至第8列则是按照前述要素密集度进行分行业的分组回归估计所得。从表6-5的回归结果看，采用行业出口技术复杂度作为全球价值链分工地位的替代变量时，本书关注的几个核心解释变量与前述各表的回归结果相比并未出现本质性变化。从分组层面上看，几个核心解释变量尤其是依托国内服务和国外服务投入占比的制造业服务化在各分组行业中的作用力及其方向性与前述分析所得结果也基本一致。对此不再具体分析。

2．基于内生性处理回归结果

由于制造业服务化对制造业攀升价值链的影响，可能存在双向关系，即制造业价值链分工地位提升也会带动服务化水平的提高。为此，我们基于全样本数据，在对计量模型（12）进行系统 GMM 回归估计时，分别进行了控制三种类型的制造业服务化为内生变量，所得回归结果如表6-7所示。

由表6-7的回归结果可见，将不同指标测度下的制造业服务化变量控制为内生变量后，系统 GMM 的回归结果与前述表6-2的回归结果进行比较，本书所重点关注的制造业服务化水平等变量，其系数估计值无论是从影响的方向性还是显著性方面看，均未出现实质性差异，从而在一定程度上表明前述回归结果的可靠性和稳健性。对于各解释变量的具体回归结果，此处不再赘述。

表 6-7 内生性处理的回归结果

变量	模型（1）	模型（2）	模型（3）	模型（4）	模型（5）	模型（6）
DVR_{t-1}	0.8358***	0.8127***				
	(3.13)	(3.56)				
$VAXR_{t-1}$			0.8142***	0.8236***		
			(3.44)	(3.82)		
$GVC\_Position_{t-1}$					0.8125***	0.8363***
					(3.13)	(3.52)
TSR	0.1089		0.1092		0.1136	
	(1.35)		(1.08)		(1.37)	
DSR		0.2133**		0.2128**		0.2209**
		(2.25)		(2.49)		(2.18)
FSR		-0.3859***		-0.3972***		-0.3784***
		(-3.52)		(-2.66)		(-3.13)
CAP	-0.0135	-0.0176	-0.0159	-0.0189	-0.0174	-0.0183
	(-1.21)	(-1.32)	(-1.18)	(-1.24)	(-1.17)	(-1.24)
RD	0.0151**	0.0154**	0.0156**	0.0150**	0.0149***	0.0151**
	(2.43)	(2.58)	(2.77)	(2.38)	(3.19)	(2.67)
FDI	-0.0025**	-0.0027**	-0.0027**	-0.0025***	-0.0030**	-0.0028**
	(-2.58)	(-2.27)	(-2.84)	(-2.73)	(-2.58)	(-2.28)
Prf	0.0120***	0.0123***	0.0125***	0.0127***	0.0123***	0.0125***
	(3.17)	(3.67)	(3.17)	(3.41)	(3.74)	(3.59)
常数项	0.8358*	-1.0219**	1.2517**	-0.6811**	0.6827**	0.5966**
	(1.96)	(-2.16)	(2.13)	(-2.27)	(2.15)	(2.36)
控制内生变量	YES	YES	YES	YES	YES	YES
AR（1）	0.0528	0.0377	0.0521	0.0374	0.0218	0.0623
AR（2）	0.4157	0.3259	0.5433	0.3792	0.4358	0.5721
Sargan	1.0000	0.9828	1.0000	0.9954	1.0000	1.0000
$Wald-\chi^2$	5831.69	4936.33	4837.69	5032.17	5125.66	4978.82
	(0.00)	(0.00)	(0.00)	(0.00)	(0.00)	(0.00)

注：同表 6-2。

第四节 结论性评述及启示

制造业服务化通常被认为是制造业转型升级和攀升全球价值链的重要举措和发展方向,对于诸如中国等发展中国家来说,甚至被认为是突破所谓全球价值链低端锁定的关键路径。从中间投入角度看,服务业尤其是高级生产性服务业对制造业高端化发展具有支撑和引领作用,是不容置疑的。如同第四章分析指出,全球价值链分工不仅发生在制造业领域,同样发生在服务业领域,因此,制造业服务化从服务投入的国别来源看,不仅包括国内服务同样也包括来自国外的服务。显然,依托进口高端中间产品而提升的中国制成品出口技术复杂度更多是一种表面和虚假提升,依托国外服务投入实现的制造业服务对制造业全球价值链分工地位可能同样存在表面和虚假促进作用,本质上更可能存在着抑制乃至锁定作用。从实践角度来看,发达国家产业结构不断趋于软化,而在全球制造业价值链分工体系中仍然能够占据着高端,对全球价值链具有较强掌控能力,一方面,当然是因为自身制造业服务化而提升了制造业国际竞争力水平;另一方面,可能正是依托服务业方面的比较优势而渗透到其他国家和地区制造业之中,从而间接地掌控着全球价值链。正是基于上述意义,第四章对制造业服务化能够促进价值链攀升的传统理论认识进行了相应修正,并提出了理论假说。在第五章利用跨国面板数据对理论假说进行了逻辑一致性计量检验外,本章再利用中国行业面板数据进一步进行了逻辑一致性计量检验。

一、主要结论

与第五章的研究方法和逻辑一致,本章借鉴制造业全球价值链分工地位的最新测算方法,以及充分考虑服务投入国内外来源差异基础上,利用WIOD发布的2000~2014年全球投入产出表基础数据,本书测算制造业全球价值链分工地位的三种替代变量以及三种类型的制造业服务化发展水平。据此对修正后的理论假说进行逻辑一致性计量检验。在有效控制其他解释变量后的相关回归结果表明:

第一，不考虑服务投入来源国别差异，以服务总投入占比测度的整体层面的制造业服务化，对制造业攀升全球价值链并无显著作用；第二，依托国内服务投入占比提升而实现的制造业服务化，对制造业全球价值链分工地位提升具有显著的促进作用，而依托国外服务投入占比提升而实现的制造业服务化，不仅对制造业全球价值链分工地位提升不具有显著的促进作用，反而具有抑制作用，表现出低端锁定的作用力；第三，从不同要素密集型制造业行业看，基于国内服务投入的制造业服务化发展对技术密集型制造业攀升全球价值链的作用力要强于对资本密集型制造业的作用，对劳动密集型制造业行业的作用力最小。上述作用力大小以及顺序差异性，从依托基于国外服务投入的制造业服务化发展所产生的逆向作用看，同样也是成立的。

二、政策启示

目前，伴随着全球经济进入深度调整期，以及国内经济发展进入新常态等内外环境的深刻变化，中国制造业亟待攀升全球价值链、改善分工地位。其中，制造业服务化发展就是重要的战略方向和关键举措。这也正是制造业服务化在《中国制造2025》中具有重要战略地位的根本原因。虽然制造业服务化是制造业未来的重要发展逻辑，但从全球分工和价值链攀升角度看，本书研究发现意味着，在服务全球化和碎片化的大背景下，不能笼统地谈制造业服务化，或者说不能为制造业服务化而服务化。追求制造业服务化发展的结果，还必须充分重视服务投入的国内外来源问题。依托国内服务投入实现的制造业服务化更加有利于实现制造业全球价值链分工地位提升的目标，也是促进制造业服务化发展的初衷。但是，如果制造业服务化发展更多依托的是国外服务投入的增加，制造业虽然服务化了，但却并不能逻辑地带动制造业全球价值链分工地位提升这一战略目标，相反，还有可能被低端锁定。因此，实现制造业服务化发展绝不是制造业单兵突进，一定要注重制造业和服务业的协同发展，尤其是国内高级生产性服务业的发展。唯有如此，才能真正形成服务化发展对制造业转型升级和价值链攀升的支撑和引领作用。

第七章 中国制造业服务化的国际比较及影响因素

实际上，目前中国制造业发展不仅面临着亟待攀升全球价值链中高端的紧迫任务，同样也面临着出口稳增长的现行压力。在全球价值链分工条件下，出口存在着名义增长和真实增长两种情形。面临国内外环境深刻变化，当前中国制造业名义出口面临天花板约束，而破除约束的路径之一就是依托制造业服务化提升制造业出口国内增加值，实现真实出口增长。可见，适宜的制造业服务化发展不仅是促进价值链攀升的有效路径，也是实现出口真实增长的有效路径。由此也说明，通过有效和科学的对策举措推进制造业服务化发展，不仅在量上能够稳定中国制造业出口增长，而且在质上也能够提升中国制造业在全球价值链的分工地位。鉴于此，本章将对中国制造业服务化进行国际比较，以此明晰中国制造业服务化发展所处的现实阶段以及可能存在的进步空间。在此基础上，将进一步采用计量方法揭示影响制造业服务化的可能因素，为制造业服务化探寻优化发展路径提供一定的经验支撑。

第一节 中国制造业服务化的国际比较

以制造业出口中内含服务增加值为表征的中国制造业服务化状况到底如何？具有怎样的演变趋势？与其他主要国家和地区相比究竟处于怎样的地位和水平？是否具有进一步提升的空间和趋势？对于这些基本问题的回答，是明晰中国制造业出口能否依托服务化突破天花板约束、从而实现真实出口进一步增长的首要认识前提。鉴于此，本书将利用世界投入产出数据库 2016 年发布的最新世界投入产出表，测算44个样本经济体制造业出口贸易中内含的服务投入指标以及制造业出口国内增加值率，对中国乃至全球各主要国家制造业出口内含的服务价值及演变趋势做出比较性分析，并对服务投入与制造业出口国内增加值率之间的关系进行初步分析。利用前述各章介绍的测算方法和数据来源，我们不仅测算了2000~2014年中国各制造业行业的服务化水平，而且也测算了世界其他部分国家同期的制造业行业的服务化水平。

一、制造业总体层面的测算结果

利用前文所述的方法和数据来源，我们首先在整体层面上测算了2000~2014年三种指标表征的中国制造业服务化发展水平，即中国制造业出口内含的国内服务增加值、国外服务增加值、总服务增加值及其在制造业总出口额中所占比重。所得结果如表7-1所示。

表7-1　2000~2014年中国制造业出口服务投入及占比情况

年份	国内服务投入量（百万美元）	国外服务投入量（百万美元）	总服务投入量（百万美元）	制造业总出口额（百万美元）	国内服务投入占比（%）	国外服务占比（%）	总服务投入占比（%）
2000	38551	13534	52085	199193	19.35	6.79	26.15
2001	42367	14378	56745	210483	20.13	6.83	26.96
2002	51967	19259	71226	259322	20.04	7.43	27.47
2003	66985	30709	97694	366199	18.29	8.39	26.68
2004	90401	46570	136972	517984	17.45	8.99	26.44
2005	120037	60448	180485	671434	17.88	9.00	26.88
2006	157954	77263	235217	862702	18.31	8.96	27.27
2007	204149	99568	303717	1087794	18.77	9.15	27.92
2008	232399	104295	336693	1259033	18.46	8.28	26.74
2009	216867	75792	292658	1036304	20.93	7.31	28.24
2010	278240	107186	385425	1375948	20.22	7.79	28.01
2011	331247	122030	453277	1639057	20.21	7.45	27.65
2012	370931	122506	493437	1727753	21.47	7.09	28.56

续表

年份	国内服务投入量（百万美元）	国外服务投入量（百万美元）	总服务投入量（百万美元）	制造业总出口额（百万美元）	国内服务投入占比（%）	国外服务占比（%）	总服务投入占比（%）
2013	429376	131361	560737	1876135	22.89	7.00	29.89
2014	489216	126605	615821	1994689	24.53	6.35	30.87
2000~2014变化量	450665	113071	563736	1795496	5.17	-0.45	4.73
2000~2014变化率	1169.02	835.46	1082.35	901.38	26.73	-6.58	18.07

资料来源：笔者计算。

表7-1前4列的测算结果分别为制造业出口内含的国内服务增加值、国外服务增加值、总服务增加值以及制造业出口总额。从中可以看出，制造业出口中内含的服务增加值无论是国内服务增加值、国外服务增加值还是总服务增加值，在绝对量上都有大幅度增长。当然，这一绝对量上的变化主要是由制造业出口规模自身变化引起的（如第4列结果所示），还无法真正反映制造业出口的服务化程度或者说真实变化趋势。相比较而言，后3列的测算结果更能反映真实情况。从制造业出口内含国内服务增加值占比角度看，表7-1第5列的测算结果表明，已由2000年的19.35%上升到了2014年的24.53%，其间上升了5.18个百分点，制造业出口内含国内服务增加值占比的变化率达到了26.73%。虽然中国制造业出口内含国内服务增加值占比总体呈上升的变化趋势，但这一发展过程并非是平稳的，从分区段来看，表现出某种程度上的V形特征。具体而言，自2001年中国"入世"到2008年的全球金融危机爆发期间，中国制造业出口内含国内服务增加值占比大体呈下降趋势，而此后则呈现显著的提升趋势。这一变化可能与中国制造业出口受到危机冲击从而出现的倒逼转型作用机制有关，也与中国构建产业新体系的战略调整有关，比如加大服务业尤其是高端生产值服务业发展，无疑对制造业服务化起到了重要的支撑作用。

与内含国内服务增加值占比及其变化趋势不同，表7-1第6列的测算结果表明，中国制造业出口内含国外服务增加值占比从2000年的6.79%下降到了2014年的6.35%，其间下降了0.44个百分点，制造业出口内含国内服务增加占

比的变化率达到了 -6.58%。更有意思的是，虽然中国制造业出口内含国外服务增加值占比总体呈下降的变化趋势，但这一发展过程也是非平稳的，从分区段来看，表现出某种程度上的倒 V 形特征。具体而言，自 2001 年中国"入世"到 2008 年的全球金融危机爆发期间，中国制造业出口内含国外服务增加占比大体呈上升趋势，而此后则呈现显著的下降趋势。由此可见，无论是总体变化趋势还是从分区段变化趋势来看，中国制造业出口内含的国内服务增加值与内含的国外服务增加值表现出基本相左的变化趋势。然而，尽管两种不同来源的服务增加值占比表现出了相左的发展趋势，但就表 7-1 最后一列测算的中国制造业内含总服务增加值占比变化趋势看，总体还是上升的，即制造业出口的服务化程度在不断提高。综合第 5 列至第 7 列的测算结果可以看出，中国制造业出口内含服务增加值占比的不断提高或者说服务化程度的不断提高，主要源自国内服务投入占比的不断提高。由此可以说明国内服务业尤其是高端生产性服务业发展对制造业服务化的关键作用。

二、总体层面测算结果的国际比较

以上测算结果只能显示样本期间中国制造业出口内含服务价值的自身变动，无法反映其在全球各主要国家中所处的地位。为此，我们同时测算了数据库中所有其他各国（地区）2000~2014 年的制造业出口内含服务增加值情况，以便进行国际比较。所得测算结果如表 7-2 所示。如表 7-2 第 2 列至第 4 列呈列的是各国制造业出口内含国内服务增加值及其变动，第 4 列至第 6 列呈列的是各国制造业出口内含国外服务增加值及其变动，第 8 列至第 10 列呈列的是各国制造业出口内含总服务增加值及其变动情况。

表 7-2 中国制造业出口内含服务增加值的国际比较 单位：%

国家或地区	国内服务投入			国外服务投入			总服务投入		
	2000 年	2014 年	变动率	2000 年	2014 年	变动率	2000 年	2014 年	变动率
澳大利亚	24.84	27.76	11.75	7.69	8.47	10.21	32.53	36.23	11.39
奥地利	16.42	15.47	-5.79	14.62	19.69	34.72	31.04	35.16	13.29
比利时	17.84	12.97	-27.28	19.40	29.19	50.48	37.23	42.16	13.23

续表

国家或地区	国内服务投入			国外服务投入			总服务投入		
	2000年	2014年	变动率	2000年	2014年	变动率	2000年	2014年	变动率
保加利亚	20.89	17.01	-18.58	17.68	19.53	10.46	38.57	36.54	-5.27
巴西	27.44	29.10	6.05	5.56	6.58	18.44	33.00	35.68	8.14
加拿大	19.42	19.69	1.38	11.65	12.22	4.90	31.07	31.91	2.70
瑞士	14.99	14.84	-1.00	13.89	16.01	15.23	28.88	30.85	6.81
中国	19.35	24.53	26.73	6.79	6.35	-6.58	26.15	30.87	18.07
塞浦路斯	27.54	14.04	-49.04	15.70	16.95	7.94	43.24	30.98	-28.35
捷克	13.60	12.85	-5.53	15.27	21.83	42.92	28.88	34.68	20.09
德国	23.87	22.19	-7.05	10.94	14.51	32.64	34.82	36.70	5.42
丹麦	15.73	15.60	-0.86	12.74	17.11	34.35	28.47	32.71	14.89
西班牙	20.73	21.75	4.89	13.75	15.87	15.45	34.48	37.62	9.10
爱沙尼亚	15.89	12.88	-18.99	16.80	23.31	38.75	32.70	36.19	10.68
芬兰	20.42	20.15	-1.31	11.94	18.11	51.70	32.36	38.26	18.25
法国	27.11	24.19	-10.76	11.02	15.58	41.37	38.12	39.77	4.30
英国	24.01	20.80	-13.36	9.32	12.83	37.68	33.33	33.63	0.91
希腊	27.46	25.02	-8.88	13.98	15.92	13.89	41.44	40.94	-1.20
克罗地亚	20.82	24.41	17.27	12.81	14.52	13.32	33.63	38.93	15.77
匈牙利	8.79	7.77	-11.59	22.64	25.53	12.79	31.43	33.31	5.97
印度尼西亚	17.19	16.03	-6.76	8.75	7.41	-15.33	25.94	23.44	-9.65
印度	26.76	24.52	-8.37	6.52	9.31	42.72	33.28	33.83	1.64
爱尔兰	11.61	6.65	-42.69	27.82	38.86	39.71	39.42	45.51	15.44
意大利	28.94	27.59	-4.68	9.61	12.94	34.61	38.56	40.53	5.11
日本	28.28	22.10	-21.87	3.83	8.98	134.43	32.11	31.08	-3.21
韩国	16.05	15.02	-6.41	11.15	12.76	14.41	27.20	27.78	2.12
立陶宛	18.77	11.64	-37.97	15.29	18.94	23.88	34.06	30.59	-10.20
卢森堡	7.49	4.30	-42.53	25.66	36.32	41.54	33.15	40.63	22.55
拉脱维亚	21.05	19.30	-8.33	13.12	17.06	30.02	34.18	36.36	6.39
墨西哥	14.27	16.84	18.01	13.87	14.38	3.69	28.15	31.23	10.95
马耳他	10.82	8.69	-19.64	28.46	27.57	-3.11	39.27	36.27	-7.66
荷兰	23.67	15.03	-36.50	15.48	24.27	56.84	39.14	39.30	0.41
挪威	22.97	21.41	-6.77	10.90	13.25	21.60	33.86	34.66	2.36

续表

国家或地区	国内服务投入			国外服务投入			总服务投入		
	2000年	2014年	变动率	2000年	2014年	变动率	2000年	2014年	变动率
波兰	24.12	19.93	-17.37	12.59	16.80	33.46	36.71	36.73	0.06
葡萄牙	17.64	18.03	2.22	13.33	17.12	28.42	30.98	35.16	13.50
罗马尼亚	20.06	20.19	0.61	12.95	13.65	5.40	33.01	33.83	2.49
俄罗斯	25.29	30.02	18.73	5.58	4.37	-21.62	30.87	34.40	11.43
斯洛伐克	14.61	8.35	-42.86	18.00	23.68	31.54	32.62	32.03	-1.79
斯洛文尼亚	15.38	13.83	-10.13	15.78	19.98	26.61	31.16	33.80	8.47
瑞典	21.25	19.53	-8.09	13.77	16.78	21.88	35.02	36.31	3.69
土耳其	26.19	23.70	-9.52	10.03	12.43	23.96	36.22	36.13	-0.25
中国台湾	13.14	8.52	-35.19	15.64	16.13	3.13	28.78	24.65	-14.36
美国	26.18	24.19	-7.62	4.80	6.25	30.22	30.98	30.44	-1.76
其他地区	19.67	20.12	2.31	18.30	16.45	-10.10	37.97	36.57	-3.67

资料来源：笔者计算，表中数据都以百分比（%）形式呈现，变动指的是2000年至2014年的变动，限于篇幅未能呈列完整测算数据，如读者需要，可向笔者索取。

从表7-2的测算结果看，2000年在所涉及的44个样本国家（地区）中，中国制造业出口中内含的服务增加值占比以26.15%位居倒数第二，仅高于印度尼西亚25.94%的水平。其中内含的国内服务增加值比重以19.35%在样本国（地区）中排在第26位，内含国外服务增加值占比以6.79%排在样国（地区）倒数第6位。经过14年的发展，截至2014年，中国制造业出口中内含的服务增加值占比已经上升到了30.87%，在总体样本中排名也上升了5位，由2000年的倒数第2位上升到了倒数第7位。由上述对表7-1的分析可知，这一上升主要来自于国内服务投入占比的提升，即从2000年至2014年中国制造业出口内含的国内服务增加值占比由19.35%快速增长到24.53%，与其他国家（地区）相比，这一增幅（26.73%的变动率）位居所有样本国家（地区）的首位。就制造业出口内含的国外服务增加值而言，通过与其他国家（地区）的比较可以看出，与中国在2000~2014年制造业出口内含国外服务增加值占比不升反降的趋势相比，样本经济体中大部分国家（地区）同期均呈现出上升趋势。这是导致中国制造业出口内含国外服务增加值占比排位，从2000年倒数第6位下降到2014年倒数第3位的根本原因。综上分析可见，从国际比较的角度看，中国制造业出口内含服务增加值比重相对较低，在样本经济体各主要国家（地区）中的排位比较靠后。尤其是内含的国外服务增加值比重相对较低。从国际产业结构现行的分工格局和比较优势看，发达经济体在服务业产业上具有显著的比较优势，而中国等发展中经济体的服务业发展显然相对滞后。在这种分工格局下，中国制造业出口内含的国外服务增加值比重相对较低，一种可能的解释是，长期以来中国开放发展主要侧重于制造业领域，具有单兵突进的特征，服务业领域开放相对不足，从而未能在发挥比较优势的作用机制下有效利用国外服务业优势资源以助推制造业转型升级。总之，不论原因何在，中国制造业出口内含服务增加值与其他样本经济体之间存在的巨大差异充分说明了在这一发展方向上，中国制造业仍然存在着巨大的提升空间。

三、基于要素密集度特征分类制造业层面测算结果

上述测算结果只是从整体层面揭示了中国制造业出口内含服务增加值及其变动情况，还没有从具有不同要素密集度特征的行业层面进行深化认识。正如戴翔（2016）的研究所指出的，不同制造业部门发展对服务业的依赖均与制造业部门特征或者说与制造业部门的要素密集度特征密切相关，这就意味着具有不同要素密集度特征的制造业部门，出口内含的服务增加值应该会有高低不同的特征差异性以及存在不同的提升空间。因此，为了进一步明晰具有不同要素密集度特征的制造业部门出口内含服务增加值情况及其变动趋势，从而也能更好地说明服务投入在不同制造业部门中的差异性作用，此处再借鉴邱爱莲等（2016）的划分方法，对18个制造业行业按要素密集度特征划分为三个组别，即劳动密集型制造业、资本密集型制造业和技术密集型制造业。据此测算出具有不同要素密集度特征的制造业行业，2000~2014年出口内含服务增加值及其变化趋势，所得结果如表7-3所示。

表7-3　2000~2014年中国分类制造业内含服务增加值　　单位:%

年份	劳动密集型制造业			资本密集型制造业			技术密集型制造业		
	国内占比	国外占比	总占比	国内占比	国外占比	总占比	国内占比	国外占比	总占比
2000	17.73	5.30	23.02	22.40	5.59	27.99	18.16	8.18	26.33
2001	18.80	5.29	24.10	23.01	5.47	28.48	18.61	8.26	26.87
2002	19.29	5.66	24.94	22.62	5.78	28.40	18.13	8.93	27.06
2003	17.86	5.99	23.85	20.54	6.60	27.14	16.57	10.13	26.70
2004	16.58	6.20	22.78	19.53	7.27	26.80	16.13	10.66	26.78
2005	16.60	5.88	22.48	19.46	7.40	26.86	16.99	10.75	27.74
2006	17.09	5.67	22.76	19.94	7.43	27.36	17.30	10.69	27.99
2007	17.56	5.59	23.15	20.69	7.58	28.27	17.59	10.90	28.50
2008	17.23	5.02	22.25	18.74	7.05	25.79	17.67	9.70	27.37
2009	18.61	4.23	22.84	21.52	6.23	27.75	20.56	8.66	29.22
2010	18.84	4.59	23.43	19.93	6.71	26.64	19.68	9.02	28.70
2011	18.87	4.50	23.37	19.36	6.77	26.13	19.75	8.52	28.27
2012	19.54	4.17	23.71	21.22	6.50	27.72	20.92	8.13	29.05
2013	21.38	4.20	25.58	22.74	6.41	29.15	22.01	8.04	30.04
2014	22.55	3.89	26.45	24.33	5.96	30.29	23.76	7.19	30.95

资料来源：笔者计算。

表7-3报告的每一组要素密集度特征下制造业出口内含服务增加值测算结果均有三列，依次分别为制造业出口内含国内服务增加值占比、国外服务增加值占比以及总服务投入增加值占比。从表7-3的测算结果可以看出，与制造业总体层面出口内含服务增加值的变化趋势较为一致，具有不同要素密集度特征的制造业部门出口内含服务增加值，在样本期间内均呈提升之势。但从横向比较来看，三种不同要素密集型度特征的制造业行业出口内含服务增加值有着明显的差异性。具体而言，在资本密集型制造业和技术密集型制造业部门，出口内含的服务增加值要显著高于劳动密集型制造业领域。这种差异性一定程度上佐证了具有不同要素密集型特征的制造业部门对服务投入的依赖不同，从另一个角度也可以说，服务尤其是高端服务投入在很大程度上影响着制造业部门的特征。从演变趋势角度看，技术密集型制造业领域出口内含服务增加值占比增幅最大、提升的速度最快，由2000年的26.33%上升至2014年的30.95%，上升了4.62个百分点，

高于劳动密集型制造业领域的 3.43 个百分点的提升水平，以及资本密集型领域的 2.3 个百分点的提升水平。尤其是将资本密集型制造业部门与技术密集型制造业部门相比容易发现，在样本期间的 2008 年之前，前者的服务增加值占比水平略高于后者，而自 2008 年之后，后者的服务增加值占比水平逐渐追上并超过前者。这种发展趋势的差异性充分说明，一方面，技术密集型制造业部门对生产性服务投入的依赖可能越来越强；另一方面，反过来也说明增加服务投入对于技术密集型制造业转型升级具有的重要影响。

此外，从服务增加值的国内来源和国外来源结构方面看，依据表 7-3 的测算结果，我们进一步计算每一组要素密集度特征下国外服务增加值与国内服务增加值之比，并将其变化趋势绘制成图 7-1。从中可以得出两点基本判断：第一，在三种要素密集度特征的制造业部门，出口内含国外增加值与国内增加值之比均呈下降趋势。上述变化趋势并非意味着中国制造业出口内含的国外服务增加值正在被国内服务增加值挤出，因为结合前文的总量分析可见，三种要素密集型制造业部门出口内含的国内外服务增加值总体上是呈增长态势的，因此此处的测算结果只能说明国内服务增加值在制造业生产过程中扮演着越来越重要的角色。甚至可以说，国外服务增加值占比的下降，在一定程度上说明是未能充分利用外部比较优势的结果，从服务业对制造业转型升级的支撑作用角度看，上述测算结果表明的反而是一种不利影响的理论逻辑。第二，三种要素密集度特征的制造业部门出口所内含的国外服务增加值和国内服务增加值之比存在显著差异。具体而言，该比值由低到高的顺序依次为：技术密集型制造业领域占比最高，其次是资本密集型制造业，最后是劳动密集型制造业。导致上述差异性的可能原因在于，通常而言，从劳动密集型到资本密集型再到技术密集型制造业，代表的往往是制造业产业结构高端化，而越是高端制造业，其对服务投入尤其是高端生产性服务投入需求就会越强，依赖度就会越高。由于中国服务业尤其是高级生产性服务业发展相对滞后，因此对制造业转型升级的支撑就会显得不足，这种不足甚至可以说制约瓶颈伴随着制造业产业结构的高端化就会表现得越来越显著，如此，在技术密集型制造业领域，更多地依赖来自国外服务增加值投入便是自然而然之事。

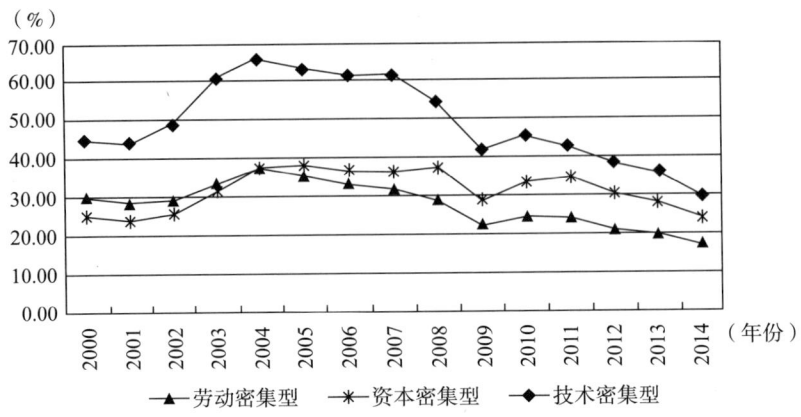

图7-1 2000~2014年三种要素密集型部门内含国外和国内服务增加值之比变化趋势

四、细分行业层面测算结果的国际比较

表7-3的测算结果只能显示样本期间,不同要素密集度特征的制造业部门出口内含服务增加值的自身变动。那么上述结果及其所显示的变化趋势,与其他国家(地区)相比是否具有差异性或者一致性,不同要素密集度特征的制造业部门内含服务增加值在样本经济体中,究竟处于一个什么样的地位和水平?换言之,仅从中国自身角度分析不同要素密集度特征的制造业部门相关测算结果,还很难看出中国制造业服务增加值投入及其结构来源是否合理。因此除了纵向的时间维度比较外,与整体层面的分析保持逻辑一致,此处还有必要进行一个横向空间维度上的国际比较。为此,本书同时测算了2000~2014年样本经济体中所有国家(地区),按照要素密集度特征分类的制造业部门出口内含服务增加值情况。由于篇幅所限,无法对每一年度的情况进行逐一分析,因此我们仅选取最具有时效性的2014年的测算结果,对不同要素密集度特征的制造业部门内含服务增加值情况进行国际比较。所得2014年的测算结果如表7-4所示。

表7-4 2014年主要国家(地区)制造业出口贸易中内含国内外增加值   单位:%

国家或地区	劳动密集型制造业			资本密集型制造业			技术密集型制造业		
	国内占比	国外占比	总占比	国内占比	国外占比	总占比	国内占比	国外占比	总占比
澳大利亚	25.86	6.18	32.04	26.02	11.53	37.55	28.23	11.09	36.32
奥地利	15.62	15.50	31.13	13.19	23.31	36.50	18.12	20.13	35.25

续表

国家或地区	劳动密集型制造业			资本密集型制造业			技术密集型制造业		
	国内占比	国外占比	总占比	国内占比	国外占比	总占比	国内占比	国外占比	总占比
比利时	15.13	21.99	37.12	10.86	32.50	43.37	15.95	29.32	42.27
保加利亚	17.82	14.49	32.31	14.20	23.65	37.85	21.41	18.22	36.63
巴西	26.32	5.26	31.57	27.33	9.68	37.01	30.64	8.13	35.77
加拿大	19.92	8.42	28.34	20.30	13.01	33.31	18.90	16.09	31.99
瑞士	15.62	11.81	27.43	10.84	21.43	32.27	21.01	12.92	30.93
中国	22.56	3.89	26.45	24.33	5.96	30.29	23.76	7.19	30.95
塞浦路斯	14.58	12.96	27.54	12.73	19.66	32.40	13.61	20.45	34.06
捷克	14.57	16.14	30.71	13.16	22.87	36.03	14.23	23.54	37.77
德国	21.28	11.16	32.45	19.37	18.64	38.01	25.66	14.13	39.80
丹麦	13.29	15.74	29.03	15.92	18.17	34.10	17.96	17.84	35.79
西班牙	22.90	10.33	33.23	20.10	18.81	38.91	22.26	18.46	40.72
爱沙尼亚	14.99	17.02	32.01	11.50	26.01	37.51	10.07	29.22	39.28
芬兰	21.39	12.40	33.78	16.61	22.93	39.54	21.60	19.76	41.36
法国	22.67	12.40	35.08	23.25	17.77	41.02	26.54	16.33	42.87
英国	20.06	9.76	29.81	19.83	15.17	35.00	23.48	13.24	36.72
希腊	26.79	9.29	36.08	23.59	18.58	42.17	32.45	11.60	44.05
克罗地亚	21.56	12.79	34.36	21.72	18.48	40.20	28.47	13.56	42.03
匈牙利	10.76	18.78	29.54	9.54	25.15	34.68	8.78	27.62	36.40
印度尼西亚	14.81	6.27	21.08	14.80	10.20	25.00	17.65	8.85	26.50
印度	25.06	4.92	29.99	19.28	15.91	35.19	27.64	9.27	36.92
爱尔兰	8.33	31.67	39.99	3.01	43.65	46.65	9.65	38.98	48.63
意大利	25.90	9.83	35.73	23.77	18.00	41.77	31.04	12.59	43.64
日本	20.66	6.97	27.63	19.30	13.20	32.50	26.01	8.15	34.16
韩国	15.38	9.42	24.80	12.20	17.06	29.26	18.87	11.98	30.85
立陶宛	14.07	13.14	27.21	8.24	23.78	32.02	14.88	18.79	33.67
卢森堡	4.74	31.07	35.81	3.85	38.02	41.87	6.47	37.26	43.74
拉脱维亚	17.86	14.29	32.15	16.80	20.87	37.68	19.64	19.82	39.45
墨西哥	18.25	9.51	27.76	21.17	11.48	32.64	17.70	16.61	34.31
马耳他	10.11	21.97	32.08	6.02	31.56	37.59	10.70	28.67	39.36
荷兰	14.72	19.95	34.67	15.64	24.92	40.56	14.88	27.52	42.40

续表

国家或地区	劳动密集型制造业			资本密集型制造业			技术密集型制造业		
	国内占比	国外占比	总占比	国内占比	国外占比	总占比	国内占比	国外占比	总占比
挪威	20.37	10.33	30.70	20.39	15.62	36.01	23.75	14.00	37.75
波兰	19.65	12.82	32.47	18.95	19.09	38.04	20.91	18.92	39.83
葡萄牙	18.66	12.47	31.13	16.63	19.87	36.50	17.13	21.12	38.25
罗马尼亚	19.33	10.66	29.99	18.60	16.59	35.19	22.65	14.27	36.92
俄罗斯	25.42	5.05	30.47	30.17	5.59	35.75	29.45	8.04	37.49
斯洛伐克	12.35	16.09	28.44	10.47	22.96	33.43	9.33	25.79	35.11
斯洛文尼亚	13.54	16.42	29.96	15.05	20.12	35.16	13.83	23.05	36.89
瑞典	18.97	13.14	32.11	17.59	20.03	37.63	22.27	17.14	39.40
土耳其	21.66	10.30	31.96	22.58	14.87	37.45	25.09	14.13	39.22
中国台湾	11.28	10.84	22.12	7.39	18.80	26.19	11.19	16.52	27.71
美国	22.21	4.87	27.08	23.26	8.60	31.87	26.73	6.79	33.52
其他地区	17.61	14.72	32.33	21.05	16.83	37.88	21.63	18.03	39.66

资料来源：笔者计算。

基于表7-4中的测算结果，可以得出如下三个方面的基本判断：第一，中国与其他样本国家（地区）相比，无论是在劳动密集型制造业领域、资本密集型制造业领域还是技术密集型制造业领域，制造业出口内含的服务增加所占比重排名都非常靠后。这一点与前述各表的分析结果是基本一致的。第二，从制造业出口内含的服务增加值来源结构角度看，在三种要素密集度制造业部门，中国制造业出口内含的国外服务增加值比重同样低于大多数国家（地区），在所有的样本国家（地区）中排名都较为靠后。第三，从三种不同要素密集度特征的制造业部门所具有的差异特征来看，中国制造业出口所内含的服务增加值占比与其他国家（地区）相比，差距最大的是在技术密集型制造业领域，其次是资本密集型领域，最后是劳动密集型领域。也就是说，越是高端的制造业，中国出口内含的服务增加值占比在全球排名中就越低。进一步地，尽管在三种要素密集度特征的制造业部门，中国出口内服务增加值都要低于其他大部分国家（地区），无论从国外服务增加值占比还是从国内服务增加值占比方面看都是如此，但是相对而言，这种来源结构方面的差距在不同要素密集度特征部门同样存在一定的差异性。从程度上看,与国内服务增加值占比的差异相比,中国制造业出口内含的国外服务增加值的差异在技术密集型领域要略微低于资本密集型制造业领域。这一点可能进一步佐证了前文的判断,即由于高端制造业发展更加依赖于服务业尤其是高级生产性服务业,而在中国高级生产性服务业发展相对滞后、从而对高端制造业发展支撑不足的条件下,更多依赖于国外服务业便是一种自然选择。总之,综合以上几个方面的判断可以发现,进一步提升中国制造业出口内含的服务增加值,包括国内服务增加值和国外服务增加值,仍然具有较大的空间。尤其是在技术密集型制造业领域,由于中国相比其他国家(地区)更大,一方面,说明制造业出口升级可能更多地依赖服务尤其是高端服务投入;另一方面,也意味着进一步提升服务增加值率占比具有更大的提升空间。

第二节 制造业服务化影响因素的计量分析

本节将构建一个检验以制造业出口内含服务价值为表征的制造业服务化的影响因素的计量方程,以此解释推动中国以制造业出口内含服务价值为表征的制造业服务化动态演进的核心因素。

一、模型设定

综合现有关于制成品出口技术复杂度以及服务贸易影响因素的研究文献,本书设定如下计量方程:

$$MS_{i,t} = \alpha_0 + \beta_0 MS_{i,t-1} + \beta_1 FDI_{i,t} + \beta_2 VS_{i,t} + \beta_3 DPEN_t + \beta_4 \mathrm{Ln}CAP_{i,t} + \beta_5 IN_{i,t} + \beta_6 SEVR_t + \beta_7 \mathrm{Ln}PC_t + \mu_t + \gamma_i + \varepsilon_{i,t} \quad (7-1)$$

其中,各变量的下标 i 和 t 分别表示制造业部门和时间(年度)。这里被解释变量(MS)即是本书所测算的各制造业部门出口所内含的服务价值占比水平。与前述各章的分析逻辑一致,MS 代表这三种指标水平测度的制造业服务化水平,即以总服务占比表示制造业服务化发展水平(TSR)、以国内服务投入占比表示制造业服务化发展水平(DSR),以及以国外服务投入占比表示的制造业服务化发展水平（FSR）。此外，考虑制造业部门出口内含的服务价值可能具有的持续性特征和惯性特征，在计量方程的右边加入了被解释变量的滞后一期。其中，计量方程（7-1）中重点关注的可能解释变量包括各制造业部门利用外资水平（FDI）、各制造业部门的资本有机构成（CAP）、各制造业部门的创新能力（IN）、各制造业部门的垂直专业化程度（VS）、服务贸易渗透率（OPEN）、服务业发展程度（SEVR）以及经济发展水平（PC）。μ_t 表示时期固定效应变量，γ_i 表示制造业部门固定效应变量，$\varepsilon_{i,t}$ 表示误差项。

二、数据来源及说明

各制造业部门利用外资水平变量，本书采用利用外资额与制造业产出额之比表示；各制造业部门的资本有机构成采用人均固定资产净值年平均余额的自然对数；各制造业部门的创新能力采用各制造业部门研究与试验发展经费支出与主营业务收入之比表示。上述数据均来自于历年《中国统计年鉴》。各制造业部门的垂直专业化程度采用各制造业出口增加值占出口额之比，数据来源于 WIOD 数据库。服务贸易渗透率采用服务贸易进口额占服务业总产值之比，以表示服务贸易开放程度；服务业发展程度采用第三产业增加值占 GDP 比重；经济发展水平采用人均 GDP 的自然对数作为替代变量，以上服务贸易进口数据来自中国商务部，其他数据来自历年《中国统计年鉴》。需要特别说明的是，WIOD 数据库中对制造业产业部门的分类与中国对制造业产业部门的分类并不完全一致，而且就本书分析的样本区间而言，国民经济的行业分类曾于 2002 年进行过修订，即 2002 年采用的部门分类是 1994 年修订的版本，而之后至 2011 年采用的是 2002 年修订的版本。因此，在数据处理过程中，我们依据在部门分类的两位数分类代码基础上，将国内制造业部门分类与 WIOD 数据分类进行比照整合。

三、回归结果及分析

首先以总服务占比表示制造业服务化发展水平（TSR）为被解释变量，采用系统 GMM 方法对计量模型（7-1）进行回归，所得回归估计结果如表 7-5 所示。

表 7-5 中国制造业服务化影响因素的实证结果：以 TSR 为被解释变量

被解释变量	以制造业出口内含服务价值为表征的制造业服务化量占比							
	全样本		劳动密集型		资本密集型		知识和技术密集型	
解释变量	(1)	(2)	(3)	(4)	(5)	(6)	(7)	(9)
$MS(-1)$		0.8779***		0.8806***		0.8775***		0.9089***
		(9.79)		(8.51)		(6.43)		(8.59)
FDI	-0.0333	-0.0324	-0.0393**	-0.0366*	-0.0317**	-0.0321*	-0.0365	0.0387
	(-1.77)	(-1.24)	(-2.20)	(-1.94)	(-1.93)	(-1.95)	(-0.31)	(1.12)
VS	0.0036**	0.0035**	0.0039**	0.0038**	0.0043***	0.0044**	0.0041***	0.0040***
	(2.75)	(2.92)	(2.70)	(2.06)	(3.26)	(3.16)	(3.19)	(3.13)
OPEN	0.0358**	0.0324**	0.0323**	0.0311**	0.0325**	0.0329**	0.0384**	0.0376**
	(2.72)	(2.01)	(2.69)	(2.07)	(2.85)	(2.27)	(2.15)	(2.05)
LnCAP	0.0025**	0.0021**	0.0026*	0.0025**	0.0030**	0.0031**	0.0028**	0.0027**
	(2.75)	(2.03)	(1.92)	(1.95)	(1.95)	(2.05)	(1.98)	(2.12)
IN	0.3055*	0.3064**	0.3169**	0.3172**	0.3220**	0.3251**	0.3354**	0.3274*
	(1.98)	(2.15)	(2.45)	(1.96)	(2.56)	(2.30)	(2.50)	(1.92)
SEVR	0.0175**	0.0153**	0.0154**	0.0152*	0.0142*	0.0135**	0.0122**	0.0109*
	(1.96)	(2.12)	(2.59)	(1.94)	(1.93)	(2.17)	(2.40)	(1.95)
LnPC	0.0045**	0.0039**	0.0049**	0.0043**	0.0047**	0.0041**	0.0043**	0.0039**
	(2.33)	(2.18)	(2.44)	(1.93)	(1.96)	(2.32)	(2.53)	(1.97)
常数 C	0.2712***	0.2375***	0.2081***	0.3753	0.1955***	0.0347***	0.2233***	0.03021
	(7.31)	(8.47)	(5.90)	(0.27)	(6.67)	(4.10)	(3.75)	(1.48)
时间固定效应	Y	Y	Y	Y	Y	Y	Y	Y
地区固定效应	Y	Y	Y	Y	Y	Y	Y	Y
$Wald-\chi^2$ 统计量		1996.60 (0.00)		1818.80 (0.00)		1624.01 (0.00)		1624.01 (0.00)
Sargan 检验		138.62 (0.339)		141.36 (0.307)		136.54 (0.326)		138.25 (0.312)
AR(1) 检验 p 值		0.0988		0.1024		0.1135		0.1087
AR(2) 检验 p 值		0.5621		0.6832		0.6585		0.7328

注：估计系数下方括号内的数字为系数估计值的 t 或者 z 统计量，其中"*"、"**"和"***"分别表示10%、5%和1%的显著性水平。

表7-5报告的回归估计结果分别是在总样本,以劳动密集型制造业、资本密集型制造业以及以知识和技术密集型制造业为分样本进行估计而得,并且在每一样本组下分别使用OLS估计法(即在计量模型中未纳入被解释变量的滞后项)以及系统GMM估计法进行回归。在每一种样本组下比较两种方法的估计结果,容易看出,就计量模型中所选取的各主要解释变量而言,回归系数值没有呈现明显差异,且影响的显著性也基本一致,从而在一定程度上说明实证检验结果的稳定性。然而,具体到每一变量而言,在不同样本组下估计结果并非弯曲一致。就制造业利用外资而言,以全样本进行的回归估计系数值虽然为负,但并没有通过显著性检验,因而可以说其对以制造业出口内含服务价值为表征的制造业服务化量的影响是不确定的。但是,当我们将样本遵循前文的分析思路而分为三个类别组后,回归结果表明,在劳动密集型和资本密集型制造业部门,FDI具有显著负面影响,但在知识和技术密集型制造业部门,影响并不显著。出现上述差异性结果的可能原因在于,流入中国制造业的FDI大多集中于劳动密集型和资本密集型部门,而知识和技术密集型相对较少,而由于FDI的流入可能伴有更强的自我服务能力,从而在产业间的投入—产出关系上表现出对服务投入需求的下降。就垂直专业化程度变量而言,无论是在总样本还是在分样本下,其系数估计值均为正且通过了显著性检验,表明这一变量对以制造业出口内含服务价值为表征的制造业服务化量的影响是正向的。进一步地,从不同样本组下的估计结果差异性来看,这一变量对资本及知识和技术密集型制造业的影响要强于对劳动密集型制造业部门。

就反映服务贸易开放程度的服务贸易渗透率变量而言,与垂直专业化程度变量的回归结果较为相似,即其系数估计值在总样本以及分样本下均为正且通过显著性检验,并且这一变量对资本及知识和技术密集型以制造业出口内含服务价值为表征的制造业服务化量的影响要强于对劳动密集型制造业部门。就资本有机构成变量而言,在各样本组下的估计结果均为正且通过显著性检验,但相较而言,系数估计值的大小表明其对资本密集型部门的影响要强于对另外两个部门的影响。就制造业部门创新能力变量而言,同样地,回归结果显示,其对资本及知识和技术密集型制造业的影响要稍强于对劳动密集型部门的影响,当然这也可能反映不同要素密集度特征部门的创新行为差异,从而对服务需求也不尽相同。就服务业发展水平变量而言,虽然估计结果表明其在各样本组下均具有显著性正向影响,但是比较而言,在劳动密集型制造业部门的影响更大。这一点可能恰恰说明当前中国服务业发展不足或者说层次不高,从而对劳动密集型制造业部门需求的满足能力要稍高于对资本及知识和技术密集型制造业部门。就表示经济发展水平的人均GDP变量而言,其系数估计值在总样本以及分样本下也均为正,且至少在10%的水平下通过显著检验,表明以制造业出口内含服务价值为表征的制造业服务化量在一定程度上的确会受经济发展水平的影响。至于被解释变量的滞后一期,从各组的系数估计值及其显著性检验结果看,表明以制造业出口内含服务价值为表征的制造业服务化量占比的确具有持续惯性作用。

上述计量模型中的被解释变量,实际上内含国内服务附加值和国外服务附加值两个部分,而纳入的各种可能的解释变量对前述两种不同来源的服务附加值影响可能是不一样的。为了明确这种可能的差异性是否存在,我们在区分国内服务附加值和国外服务附加值的基础上,即分别以制造业出口内含国内服务价值量占比(DMS)和制造业出口内含国外服务价值量占比(FMS)作为被解释变量,然后遵循与表7-5同样的回归逻辑,对计量模型(7-1)进行重新回归,所得结果分别如表7-6和表7-7所示。

表7-6 中国制造业出口内含国内服务价值影响因素的实证结果

被解释变量	制造业出口内含国内服务价值量占比							
	全样本		劳动密集型		资本密集型		知识和技术密集型	
解释变量	(1)	(2)	(3)	(4)	(5)	(6)	(7)	(9)
$DMS(-1)$		0.7325***		0.7686***		0.8034***		0.8155***
		(7.62)		(8.33)		(8.15)		(7.29)
FDI	-0.0313	-0.0332	-0.0319**	-0.0307*	-0.0355*	-0.0322*	-0.0321	0.0307
	(-1.65)	(-1.33)	(-2.01)	(-1.98)	(-1.95)	(-1.93)	(-0.77)	(1.36)
VS	0.0037**	0.0036**	0.0031***	0.0030***	0.0033***	0.0041**	0.0032***	0.0039**
	(2.36)	(2.17)	(3.76)	(3.19)	(3.38)	(2.56)	(3.88)	(2.23)
$OPEN$	0.0354*	0.0335	0.0311*	0.0302	0.0328*	0.0319	0.0336	0.0317
	(1.96)	(1.52)	(1.94)	(1.66)	(1.96)	(1.51)	(1.28)	(1.36)
$LnCAP$	0.0027**	0.0025**	0.0022*	0.0029*	0.0029*	0.0027**	0.0026*	0.0024**
	(2.34)	(2.12)	(1.93)	(1.92)	(1.96)	(2.26)	(1.95)	(2.39)

续表

被解释变量	制造业出口内含国内服务价值量占比							
	全样本		劳动密集型		资本密集型		知识和技术密集型	
解释变量	(1)	(2)	(3)	(4)	(5)	(6)	(7)	(9)
IN	0.3158*	0.3127**	0.3079**	0.3066**	0.3078**	0.3069**	0.3156**	0.3149*
	(1.93)	(2.25)	(2.33)	(1.98)	(2.14)	(2.18)	(2.67)	(1.94)
SEVR	0.0189**	0.0183**	0.0198**	0.0196*	0.0174*	0.0169*	0.0168**	0.0159*
	(1.95)	(2.88)	(2.65)	(1.96)	(1.91)	(2.27)	(2.25)	(1.96)
LnPC	0.0043**	0.0040**	0.0039**	0.0038*	0.0042*	0.0039*	0.0038**	0.0039**
	(2.41)	(2.32)	(2.18)	(1.95)	(1.93)	(2.44)	(2.36)	(1.98)
常数C	0.3214**	0.3358***	0.3027*	0.3158**	0.2079***	0.2814**	0.1988**	0.2815
	(2.39)	(3.56)	(1.98)	(2.16)	(3.21)	(2.35)	(2.64)	(1.33)
时间固定效应	Y	Y	Y	Y	Y	Y	Y	Y
地区固定效应	Y	Y	Y	Y	Y	Y	Y	Y
样本观测数	238	210	68	60	102	90	68	60
$Wald-\chi^2$ 统计量		1325.51 (0.00)		1628.33 (0.00)		1514.26 (0.00)		1579.82 (0.00)
Sargan 检验		121.19 (0.328)		151.66 (0.309)		161.34 (0.411)		151.37 (0.365)
AR(1) 检验p值		0.1021		0.138		0.1216		0.1352
AR(2) 检验p值		0.6288		0.6391		0.7265		0.8252

注：同表7-5。

表7-7 中国制造业出口内含国外服务价值影响因素的实证结果

被解释变量	制造业出口内含国外服务价值量占比							
	全样本		劳动密集型		资本密集型		知识和技术密集型	
解释变量	(1)	(2)	(3)	(4)	(5)	(6)	(7)	(9)
FMS(-1)		0.7325***		0.7686***		0.8034***		0.8155***
		(8.33)		(8.28)		(8.44)		(7.81)
FDI	-0.0305	-0.0311	-0.0315**	-0.0311*	-0.0308*	-0.0301*	-0.0321	0.0311
	(-1.22)	(-1.41)	(-2.11)	(-1.96)	(-1.93)	(-1.92)	(-0.58)	(1.21)

续表

被解释变量	制造业出口内含国外服务价值量占比							
	全样本		劳动密集型		资本密集型		知识和技术密集型	
解释变量	(1)	(2)	(3)	(4)	(5)	(6)	(7)	(9)
VS	0.0041**	0.0039**	0.0035**	0.0032***	0.0038***	0.0039**	0.0043***	0.0041**
	(2.51)	(2.19)	(3.66)	(3.52)	(3.43)	(2.18)	(3.66)	(2.15)
OPEN	0.0388**	0.0386**	0.0357**	0.0349**	0.0379**	0.0381**	0.0392**	0.0390**
	(2.28)	(2.17)	(2.25)	(2.19)	(2.42)	(2.18)	(2.66)	(2.29)
LnCAP	0.0021*	0.0021	0.0019*	0.0014	0.0023	0.0025	0.0024	0.0021
	(1.94)	(1.31)	(1.63)	(1.33)	(1.45)	(1.35)	(1.64)	(1.21)
IN	0.3158*	0.3127**	0.3079**	0.3066**	0.3078**	0.3069**	0.3156**	0.3149*
	(1.93)	(2.25)	(2.33)	(1.98)	(2.14)	(2.18)	(2.67)	(1.94)
SEVR	0.0112*	0.0115	0.0108	0.01112	0.0115	0.0109	0.0106	0.0103
	(1.95)	(1.81)	(1.25)	(0.88)	(0.97)	(1.35)	(1.21)	(0.88)
LnPC	0.0038**	0.0036*	0.0039*	0.0033*	0.0039*	0.0036*	0.0031*	0.0029*
	(2.03)	(1.93)	(1.98)	(1.93)	(1.95)	(1.93)	(1.91)	(1.89)
常数 C	0.3219**	0.3424***	0.3164*	0.3219**	0.2986***	0.2935**	0.2166**	0.3715
	(2.43)	(3.12)	(1.96)	(2.44)	(3.69)	(2.21)	(2.35)	(1.28)
时间固定效应	Y	Y	Y	Y	Y	Y	Y	Y
地区固定效应	Y	Y	Y	Y	Y	Y	Y	Y
样本观测数	238	210	68	60	102	90	68	60
$Wald-\chi^2$ 统计量		1432.28 (0.00)		1529.66 (0.00)		1633.29 (0.00)		1603.37 (0.00)
Sargan 检验		135.28 (0.331)		149.21 (0.298)		165.36 (0.352)		149.24 (0.306)
AR (1) 检验 p 值		0.1136		0.0925		0.0816		0.1027
AR (2) 检验 p 值		0.5133		0.5032		0.7125		0.6358

注：同表 7-5。

比较表 7-6 和表 7-7 报告的回归估计结果可以看出，当计量模型中被解释变量分别设定为制造业出口内含国内服务价值和内含国外服务价值时，某些解释变量的回归结果在表7-6和表7-7中出现了明显差异。例如，以贸易渗透率表示的服务贸易开放度变量，在表7-6中的回归系数虽然为正，但基本上可以视为未能通过显著性检验，与之相比，在表7-7中的回归系数为正且通过显著性检验。这一差异性结果表明服务贸易开放度对制成品出口内含国外服务价值量具有显著影响，而对内含国内服务价值量的影响则不确定。出现上述差异也比较容易理解，因为以贸易渗透率表示的服务贸易开放度实质上就是服务贸易进口自由化程度，从而对进入制成品生产中的国外服务投入要更大。再比如，服务业发展水平变量的系数估计值在表7-7中虽然为正，但基本上没有通过显著性检验，与之相比，在表7-6中的回归系数为正且通过较好的显著性检验，从而说明国内服务业发展对制成品出口内含国内服务价值量具有显著影响，而对内含国外服务价值量的影响则不确定。当然，这一点其实也是容易理解的，无须赘述。类似地，诸如资本有机构成的系数估计值尤其是显著性检验方面在表7-6和表7-7中也有明显差异。此外，制造业部门垂直专业化变量在表7-6和表7-7显示的估计结果方面也存在微弱差异，即在同一样本组下进行比较，垂直专业化变量的系数估计值在表7-7中要稍高于表7-6中的结果，当然，在表7-6和表7-7中都通过显著性检验。而系数估计值大小的差异性在一定程度上说明其对制造业出口内含国内和国外服务附加值影响程度存在差异。具体而言，垂直专业化程度越高，对制成品出口内含国外服务增加值的提升效应要更强于对制成品出口内含国内服务增加值的提升效应。而出现这种差异的可能原因是与当前全球产业结构分布格局和比较优势所决定的。换言之，在以发达经济体占据全球服务经济发展主导地位的情形下，制造业垂直专业程度越高、从而对服务投入需求越强时，必然更有利于发达经济体的服务供给进入制造业全球价值链之中。

第三节　结论及启示

本章运用WIOD 2016年发布的最新世界投入产出表数据，首先测算了制造业整体层面和不同要素密集度特征分类行业层面，包括中国在内的44个样本经济体2000~2014年制造业出口内含服务增加值（包括国内服务增加值、国外服务增加值以及总服务增加值),从而对中国制造业服务化发展水平及变化趋势进行分析,并进行了国际比较。在此基础上,进一步利用中国经验数据对制造业服务化的可能影响因素进行了计量分析。

一、主要结论

测算结果及其比较分析的结果表明:①从整体层面看,中国制造业出口内含服务增加值率从2000年至2014年总体呈现上升趋势,而在服务增加值不同的来源结构上呈现相反的变化,即内含的国内服务增加值占比呈现迅速上升之势,而内含的国外服务增加值占比却呈现快速下降之势。②从不同要素密集度的制造业行业层面看,其总体的变化趋势与制造业整体层面具有一致性,但不同要素密集度特征的制造业行业出口内含的服务增加值比率具有显著差异。具体而言,在技术密集型制造业部门,出口内含服务增加值要显著高于资本和劳动密集型制造业领域。在来源结构上,三种要素密集度制造业部门内含国内服务增加值占比均呈上升之势,而内含国外服务增加值占比均呈下降趋势;在技术密集型制造业领域,来自国外服务增加值占比要高于资本和劳动密集型领域。③从国际比较角度看,无论是制造业整体层面还是按照要素密集度特征分类的不同制造业部门层面,中国制造业出口内含的服务增加值都要显著低于样本经济体中大部分国家(地区)。影响因素的计量分析结果表明:①制造业垂直专业化程度、服务贸易开放度、国内服务业发展水平、制造业资本有机构成、制造业创新能力以及经济发展水平都在一定程度上影响着制造业出口内含服务增加值的总体水平。②从内含国内服务增加值和国外服务增加值分解的角度看,同一变量的影响略有差异,诸如垂直专业化程度和贸易开放度等变量,对制造业出口内含国外服务增加值的影响更大,而诸如国内服务业发展水平等则对内含国内服务增加值的影响更大。

二、政策启示

既然制造业服务化总体演进趋势及程度在不断深化,而中国制造业出口内含服务增加值与其他国家(地区)相比又存在着显著的差距,因此,进一步提升以内含服务增加值为表征的制造业服务化发展对于中国制造业而言具有广阔的空间和余地。更为重要的是,从服务增加值来源结构上看,由于内含国内服务增加值占比的提高有利于制造业出口国内增加值率的提升,而内含国外服务增加值占比的提高不利于制造业出口国内增加值率的提升,因此,期望通过提升制造业出口内含服务增加值即制造业服务化发展的方式,以提升制造业出口的国内增加值创造能力,提升中国制造业在全球价值链分工中的地位,以及突破名义天花板约束而实现制造业出口真实增长,需要注重区分国内服务增加值和国外服务增加值的不同作用。基于影响因素的计量检验结果,一方面,进一步扩大开放,在深度融入全球价值链中,通过进一步提升制造业垂直专业化程度以及扩大服务贸易开放,利用国际优质资源助推制造业转型升级,从而提升中国制造业在全球产业链中的分工地位和国际竞争力;另一方面,从贸易利得的角度看,尽管制造业出口内含国外增加值水平的提升在一定程度上对制造业国际竞争力提升具有积极作用,但由服务增加值所形成的贸易利得却可能因此流失。因此,推动国内服务业尤其是现代服务业大发展,从而能够发挥服务业支撑和引领制造业,尤其是资本及知识和技术密集型制造业的高端化发展。当然,从这一意义上说,进一步扩大开放,在深度融入全球价值链分工体系中,通过大力利用国外优质资源尤其是发达国家在服务业方面的优势,不仅要将其视为中间投入而带动制造业转型升级,更应该以此助推国内服务业发展,尤其是高端的现代服务业发展。换言之,要充分利用贸易自由化所带来的高端服务投入的产业关联效应、溢出效应、竞争效应以及倒逼国内市场改革效应等,带动国内服务业的发展。如此,才能在进一步提升制造业国际竞争力的同时,又能够享受到来自内含服务增加值的贸易利得。

第八章　基于全球价值链攀升的中国制造业服务化发展路径

基于前述各章研究可以发现，一方面，全球价值链不断向服务业领域拓展的新型国际分工形式成为分工演进的必然趋势；另一方面，依托不同服务来源的制造业服务化发展，对制造业攀升全球价值链具有显著的差异性影响。因此，如何在顺应国际分工演进大趋势背景下，一方面加快推进服务业对外开放，另一方面优化制造业服务化发展路径，从而促进制造业攀升全球价值链，是科学施政的重点所在。从目前的现行比较优势看，受制于我国经济发展的特定阶段尤其是服务业发展相对滞后的现实约束，我国在大部分服务领域和服务提供流程上均表现为显著的比较劣势，多年来我国服务贸易持续逆差且有不断扩大的发展趋势就是明证。因此，在服务贸易自由化的大势所趋下，服务进口包括生产性服务进口的扩大，必将导致进口服务要素进入生产制造领域的成分不断提高。那么在这一背景下，从制造业服务化发展角度看，如何才能提升国内服务要素投入比重，事关制造业攀升全球价值链中高端的顺利进行。

值得注意的是，服务业产业基础薄弱并不可怕，因为只要采取的开放战略得当，通过扩大开放倒逼改革，扩大开放促进国内竞争，从而有利于服务业发展和提升竞争力。如同改革开放之初中国制造业的基础薄弱一样，但是我们并没有惧怕竞争，相反，在逐步扩大开放中实现了制造业发展乃至转型升级。因此，扩大服务业开放虽然可能会增加制造业生产过程中的国外服务要素进口，但与此同时也可能会反向拉动国内服务业发展，从而进一步夯实制造业服务化的国内服务要素供给基础。所以，从这一意义上说，前述各章的研究结论并不会成为否定中国加快推进服务业开放的理论依据和现实意义，而是引发我们思考如何通过服务业开放反向拉动国内服务业尤其是高端服务业发展，从而夯实制造业服务化的国内服务投入来源的产业根基。那么现在的关键问题是，扩大服务业开放或者服务贸易自由化能否反向拉动国内服务业发展，包括服务业规模扩张和服务业发展质量提升。对此，本章在理论和计量识别其现实效应的基础上，提出扩大服务业开放的对策举措，从而从制造业攀升全球价值链的现实需求出发，探寻中国制造业服务化发展的优化路径。

第一节 服务贸易自由化与服务业发展

虽然针对服务贸易自由化促进服务业发展的机制，理论界尚未进行过完整系统的研究，但是，在经典的国际贸易理论发展的既有文献中，各种贸易理论都从某些特定角度涉及进口贸易对产业发展的影响。随着实践的发展，学者对其中的作用机制分析也经历了一个由简单到复杂、从低级到高级不断发展演进的过程。综合现有研究，进口对一国或地区相关产业成长至少存在以下几个方面的作用机制。第一，进口贸易可以突破供给约束，从而促进相关产业成长；第二，进口贸易可以创造有效需求，从而促进相关产业成长；第三，进口贸易可以推动产业结构升级，从而促进相关产业成长；第四，进口贸易可以促进技术进步，从而促进相关产业成长。上述作用机制是基于现有经典国际贸易理论的一个一般性解释，其适用性不仅在于制造业，同样也适用于服务业。因此，从服务贸易自由化或者说服务进口的角度看，上述四个方面的重要作用机制显然有利于进口国相关服务业的发展。此外，在全球价值链的新国际分工条件下，服务贸易自由化或者说服务进口对服务业的发展，其作用机制更多地体现在投入—产出关系上，高效高质的服务投入会通过投入—产出联系而有效降低企业成本，尤其是对于技术复杂度相对较高的产品生产企业而言，情况尤其如此。这是因为，在包括服务业在内的全球价值链分工条件下，服务贸易自由化不仅有利于一国服务生产和提供企业以更低的价格、更便捷的方式获取服务投入品，而且还可以面临更多的选择或者说获取更优质服务投入的机会，从而对服务提供的技术复杂度具有重要的提升作用。综合来看，服务贸易自由化和扩大服务业开放不仅有利于服务业规模的扩张，而且有利于服务业技术水平的提升。当然，情况是否如此，还需要进一步的计量检验。

一、模型设定

向量自回归（Vector Autoregression，VAR）是基于时间序列数据统计性质而建立的计量模型，而不是以经济理论为基础来描述变量之间的经济关系。其显著特征就是把系统中每一内生变量看作系统中所有内生变量滞后值的函数进行模型构造，从而将单变量向量自回归模型推广到由多变量时间序列变量组合而成的向量自回归模型。客观而言，向量自回归模型的构造推动了经济系统的动态性分析广泛应用。向量自回归模型常用可以用来描述随机扰动项，或者说一个信息对变量系统的动态冲击。因此，本书试图采用向量自回归模型来研究服务进口贸易对服务业发展变化的动态影响。

模型的一般表达式为：

$$y_t = A_1 y_{t-1} + \cdots + A_r y_{t-r} + B_1 x_t + \cdots + B_r x_{t-r} + \varepsilon_t \tag{8-1}$$

其中，y_t 表示 m 维内生变量向量；x_t 表示 d 维外生变量向量；A_1，$\cdots$，A_r 以及 B_1，$\cdots$，B_r 则表示待估计的参数矩阵，外生变量和内生变量分别有 p 和 r 阶滞后期；ε 代表随机扰动项，不能有自相关，不能与模型右边的变量相关，但同期之间可以相关。

二、指标选取与数据说明

此处研究对象为服务业开放或者说服务贸易自由化与服务业发展尤其是服务业发展之间的互动关系。因此在指标的选取上，主要包括两个方面的测度问题，一是能够反映服务业开放或者说服务贸易自由化的测度指标，二是能够反映服务业发展水平的测度指标。至于服务业开放或者说服务贸易自由化的测度指标，目前理论和实践部门采用的测度方法较多，比如服务贸易外贸依存度或者采用服务进口贸易额或者采用服务进口渗透率等。借鉴现有文献的大多处理方法，我们采用服务进口贸易额（EX）以及服务业利用外资产业渗透率（FDI）两种测度指标，作为服务业开放或者说服务贸易自由化的替代变量，以进行综合对比分析。选择这两种测度指标作为替代变量的合理性在于，正如 WTO《服务贸易总协定》对服务贸易的界定，服务业利用外资也是服务贸易的一种。因此，同时采用这两种测度指标进行综合对比分析,所得结果可能更为可靠和稳健。所谓服务进口贸易渗透率,即为服务进口贸易总额与服务业总产值之比,而所谓服务业利用外资产业渗透率,即为服务业利用 FDI 与服务业产业增加值之比表示。至于服务业发展的测度指标,基于产业结构转型升级的视角,尤其是考虑到服务业分工地位问题,我们采用两种测度指标以作为服务业发展的替代变量:一是第三产业增加值占生产总值的比重(SR),它反映三产结构的变化,或者说服务进口贸易是否有利于产业结构的软化,即服务业的发展。二是服务业劳动生产率(LP),以反映服务业发展的"质量"状态,从而可以从质的角度表明服务业国际分工地位状况,其测度指标采用三次产业增加值与三次产业从业人员数之比表示。实际上,服务业劳动生产率反映的不仅是产业自身结构是否优化问题,而且在目前全球高端产业竞争日益白热化的背景下,服务业劳动生产率的变化情况,在一定程度上能够说明在服务业领域中国靠什么参与国际竞争与合作,从而能够说明中国在服务业领域国际分工地位的变化。

囿于数据的可获得性,我们将样本区间设定在 2001 年至 2017 年,所采用的数据均为年度数据,服务进口贸易额、服务进口贸易额以及三次产业增加值和 GDP 总值数据均来自于历年《中国统计年鉴》以及商务部。各原始变量的统计性描述如表 8-1 所示。

表 8-1　各原始变量的统计描述

变量	进口渗透率	FDI 产业渗透率	服务业占比	服务业劳动生产率
均值	0.085484	0.038267	0.425799	7465.32
中值	0.061615	0.039890	0.411411	7201.08
最大值	0.213148	0.047407	0.491264	9613.56
最小值	0.034066	0.025769	0.381085	6210.69
标准差	0.055347	0.006894	0.036103	10992.31

三、实证结果及分析

(一) 平稳性检验

VAR 模型要求序列是平稳的,因此,应先检验序列的平稳性,以防止出现伪回归现象,因为 C. J. Granger 和 Newbold 通过多次模拟分析,发现非平稳的时间序列变量之间经常发生伪回归现象而造成所得结论失效的不良结果。此处采用 ADF(Augment Dickey – Fuller)单位根检验方法对各时序变量进行平稳性检验。检验时,根据每个序列的时序图确定检验类型,再根据赤池信息准则(Akaike Information Criterion,AIC 准则)和施瓦茨准则(Schwarz Criterion,SC 准则)自动确定滞后阶数,检验结果如表 8 – 2 所示。

表 8 – 2 平稳性检验结果

变量	截距	时间趋势	滞后阶数	ADF 值	1% 临界值	5% 临界值
EX	有	无	1	4.421053	– 4.242057	– 3.207078
FDI	有	有	3	– 2.568625	– 5.945290	– 3.867265
SR	有	无	1	– 1.768197	– 3.998739	– 3.111812
LP	有	有	0	– 2.782192	– 4.775647	– 3.999340
ΔEX	有	无	0	0.156692	– 5.311739	– 4.121812
ΔFDI	无	无	0	– 2.728349	– 5.785535	– 4.005933
ΔSR	有	无	1	– 2.592460	– 4.098489	– 3.151109
ΔLP	无	无	0	– 3.845550	– 5.798019	– 4.008114
d(ΔEX)	无	无	3	– 4.745345	– 5.850076	– 4.017515
d(ΔFDI)	有	无	2	– 4.032114	– 5.283219	– 3.042447
d(ΔSR)	无	无	1	– 4.922221	– 5.362214	– 4.072465
d(ΔLP)	有	有	1	– 4.053730	– 5.989696	– 3.522715

注:Δ 表示变量的一阶差分,d(Δ)表示变量的二阶差分。

由表 8 – 2 可以看出,各变量的原始序列都是非平稳序列,经过二阶差分后变为平稳序列,即各原变量序列都是 I(2)序列。

(二)协整检验

由于变量服务进口贸易渗透率变量、服务业利用外资产业渗透率变量、服务业产值比重变量以及服务业劳动生产率变量都是二阶单整序列,满足协整性检验。因此,进行进一步的协整检验,以确定时间序列变量之间是否存在某种长期稳定的关系。EG 两步法只适合于双变量的协整检验,在对两变量或多变量方程组中的一组变量进行协整检验时，Johansen 的检验方法要优于 EG 两步法。所以，我们用 Johansen 检验方法来确定模型中的协整向量个数。此外，目前在进行协整检验的滞后期选择上存在一个尴尬的局面，既要考虑所选的滞后期能够反映所构造模型的动态特征，又要考虑所选择的滞后期能使模型有足够数目的自由度。囿于本文样本空间有限，在 AIC 信息准则和 SC 准则基础上，我们选择的滞后期为 2。采用 Johansen（1991）极大似然法检验各个变量之间是否存在协整关系，结果如表 8-3 所示。

表 8-3 Johansen 协整检验结果

	Hypothesized No. of CE（s）	Eigenvalue	Trace Statistic	0.05 Critical Value	Prob.**
变量 EX、SR	None*	0.894973	26.558162	15.649657	0.000808
	At most 1	0.197778	2.421229	3.879881	0.122715
变量 FDI、SR	Hypothesized No. of CE（s）	Eigenvalue	Trace Statistic	0.05 Critical Value	Prob.**
	None*	0.867790	21.936958	15.649657	0.005151
	At most 1	0.014162	0.156891	3.879881	0.700435
变量 EX、LP	Hypothesized No. of CE（s）	Eigenvalue	Trace Statistic	0.05 Critical Value	Prob.**
	None*	0.996945	54.319850	15.649657	0.000000
	At most 1*	0.649302	10.399617	3.879881	0.001313
变量 FDI、LP	Hypothesized No. of CE（s）	Eigenvalue	Trace Statistic	0.05 Critical Value	Prob.**
	None*	0.773013	16.535952	15.649657	0.037168
	At most 1	0.038325	0.429786	3.879881	0.519342

由表 8-3 的检验结果可以看出，在以服务进口贸易产业渗透率和服务业产业增加值占比变量的 VAR 模型中，至少存在 1 个协整关系，即变量 EX 和 SR 之间存在着长期稳定的关系；在以服务业利用外资产业渗透率和服务业产业增加值占比变量的 VAR 模型中，至少存在 1 个协整关系，即变量 FDI 和 SR 之间存在着长期稳定的关系；在以服务进口贸易产业渗透率和服务业劳动生产率变量的

VAR 模型中,至少存在 2 个协整关系,即变量 EX 和 LP 之间存在着长期稳定的关系;在以服务业利用外资产业渗透率和服务业劳动生产率变量的 VAR 模型中,至少存在 1 个协整关系,即变量 FDI 和 LP 之间存在着长期稳定的关系。

(三) 格兰杰因果关系检验

当然,协整检验的结果只是说明变量各种组合之间,即服务进口贸易产业渗透率和服务业产业增加值占比变量之间、服务业利用外资产业渗透率和服务业产业增加值占比变量之间以及服务业利用外资产业渗透率和服务业劳动生产率变量之间存在着长期的均衡关系,但就各组变量之间的因果关系或者说哪个变量的变动是另一个变量变动的原因,仍需进一步检验。格兰杰(Granger)因果检验是一种用于考察序列 x 是否是序列 y 产生原因的方法,如果序列 x 是序列 y 的格兰杰成因(Granger Cause),必须满足两个条件:第一,x 应该有助于预测 y,即先估计当前的 y 值被其自身滞后期取值所能解释的程度,然后引入序列 x 的滞后值应当显著提高 y 被解释的程度;第二,y 不应当有助于预测 x,其原因是如果 y 也有助于预测 x,则很可能存在另外一些因素,它们既是引起 x 变化的原因,也是引起 y 变化的原因。一般地,在 VAR 模型中,还应该考虑问题的另一方面,即序列之间是否存在单向或者双向因果关系。由于格兰杰的检验结果对滞后长度的变化比较敏感,即滞后长度选择的不同可能会得到不一致的结果。因此,在检验的过程中应选取多个不同的滞后期,若检验的结果一致,则得出的结论较为可信。此处检验选取了 2 个滞后期,检验结果如表 8-4 所示。

表 8-4 格兰杰因果关系检验结果

滞后期:1			
Null Hypothesis:	Obs	F - Statistic	Prob.
SR 不是引起 EX 的格兰杰原因	12	2.11159	0.07742
SR 不是引起 EX 的格兰杰原因		0.97628	0.04613
LP 不是引起 EX 的格兰杰原因	12	0.31720	0.08435
EX 不是引起 LP 的格兰杰原因		2.44809	0.04980
SR 不是引起 FDI 的格兰杰原因	12	0.06110	0.80131
FDI 不是引起 SR 的格兰杰原因		0.80251	0.03109

续表

滞后期：1			
LP 不是引起 *FDI* 的格兰杰原因	12	0.33837	0.56747
FDI 不是引起 *LP* 的格兰杰原因		4.70178	0.04673
滞后期：2			
Null Hypothesis:	Obs	F – Statistic	Prob.
SR does not Granger Cause EX	11	3.70160	0.08732
EX does not Granger Cause SR		0.93518	0.03950
LP does not Granger Cause EX	11	2.06321	0.20345
EX does not Granger Cause LP		4.97029	0.04188
SR does not Granger Cause FDI	11	12.42658	0.00713
FDI does not Granger Cause SR		0.19489	0.02614
LP does not Granger Cause FDI	11	0.05018	0.94149
FDI does not Granger Cause LP		7.89365	0.02020

从表 8 – 4 的检验结果来看，在滞后期为 1 的情况下，*SR* 和 *EX* 之间互为因果关系，即服务进口贸易产业渗透率与服务业产业增加值占比之间存在着双向因果关系；*LP* 和 *EX* 之间互为因果关系，即服务进口贸易产业渗透率与服务业劳动生产率之间也存在着双向因果关系；*SR* 和 *FDI* 之间存在着单向因果关系，即服务业利用外资产业渗透率是服务业产业增加值占比的格兰杰原因，但服务业产业增加值占比不是服务业利用外资产业渗透率的格兰杰原因；类似地，*LP* 和 *FDI* 之间存在着单向因果关系，即服务业利用外资产业渗透率是服务业劳动生产率的格兰杰原因，但服务业劳动生产率不是服务业利用外资产业渗透率的格兰杰原因。在滞后期为 2 的情况下，*SR* 和 *EX* 之间存在着单向因果关系，即服务进口贸易产业渗透率是服务业产业增加值占比之间的格兰杰原因，但服务业产业增加值占比不是服务进口贸易产业渗透率的格兰杰原因；*LP* 和 *EX* 之间互为因果关系，即服务进口贸易产业渗透率与服务业劳动生产率之间也存在着双向因果关系；*SR* 和 *FDI* 之间存在着双向因果关系，即服务业利用外资产业渗透率和服务业

产业增加值占比之间互为格兰杰原因；LP 和 FDI 之间存在着单向因果关系，即服务业利用外资产业渗透率是服务业劳动生产率的格兰杰原因，但服务业劳动生产率不是服务业利用外资产业渗透率的格兰杰原因。综述可见，尽管在滞后期为 1 和滞后期为 2 的情况下，格兰杰因果关系检验结果并不完全相同，但其共同点是：服务进口贸易产业渗透率是服务业产业增加值占比的格兰杰原因；服务业利用外资产业渗透率是服务业产业增加值占比的格兰杰原因；服务进口贸易产业渗透率是服务业劳动生产率的格兰杰原因；服务业利用外资产业渗透率是服务业劳动生产率的格兰杰原因。上述所得结果并不难理解，在开放经济条件下，服务贸易的发展会对服务业产生反向拉动作用，这是许多理论和实证研究都已经证实的，而基于中国数据的实证检验也印证了这一点，说明在一定程度上扩大服务业开放有利于推动以服务业产业增加值占比所表示的产业结构的优化升级。从服务业利用外资的角度来看，其对服务业的发展显然具有直接的拉动作用。如同中国制造业迅猛发展是与外资嵌入密不可分一般，服务业利用外资也会对服务业发展起到积极的推动作用。因此，从上述意义来说，扩大服务业开放对服务业自身发展和规模扩张具有极为关键的意义。从服务业劳动生产率所表示的制造业先进性来看，服务贸易的发展以及服务业利用外资同样对其产生了积极影响。也就是说，继续扩大服务开放领域是有利于中国先进制造业发展的。

四、脉冲响应函数分析

对于 VAR 模型，一个重要方面是系统的动态特征，即每个内生变量的变动或冲击对它自己及其他内生变量产生的影响作用。这可以通过脉冲响应函数（Impulse Response Function，IRF）加以刻画。脉冲响应函数描述了来自随机扰动项的一个标准差大小的信息冲击，对变量自身以及其他变量当前和未来取值的影响，它能够很形象地刻画出变量之间动态作用的路径变化。根据 VAR 模型滞后长度的选择标准，我们建立了一个滞后阶数为 2 的 VAR（2）模型。进行脉冲响应函数分析的前提条件是 VAR 模型必须具备稳定性。也就是说，VAR 模型特征方程根的倒数全部落在单位圆内，为此，我们首先对 VAR（2）模型的稳定性进行检验，结果表明，VAR 模型是稳定的，可以进行进一步的脉冲响应函数分析。图 8-1~图 8-4 均是基于 VAR（2）模型采用正交化方法和 Cholesky 分解技术模拟的脉冲响应函数图。图中横轴表示信息冲击作用的滞后期数，此处单位为年，纵轴表示因变量对解释变量的响应程度，实线表示随着预测期数的增加，脉冲响应函数的计算值，虚线表示在相应脉冲响应图像加或减两倍标准差的偏离带，在模型中将信息冲击作用的滞后期设定为 5 年。此处，我们最为关心的是服务进口贸易产业渗透率、服务业利用外资产业渗透率与服务业增加值占比及服务业劳动生产率之间的关系，所以我们没有考虑服务进口贸易产业渗透率和服务业利用外资产业渗透率变量之间的相互冲击及脉冲响应问题。

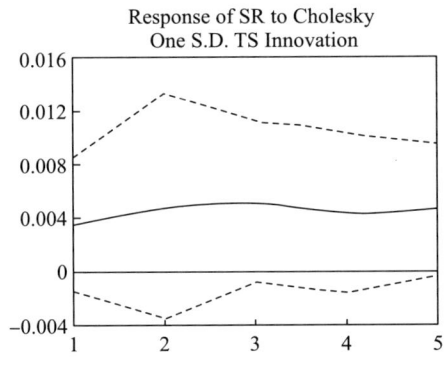

图 8-1　脉冲响应

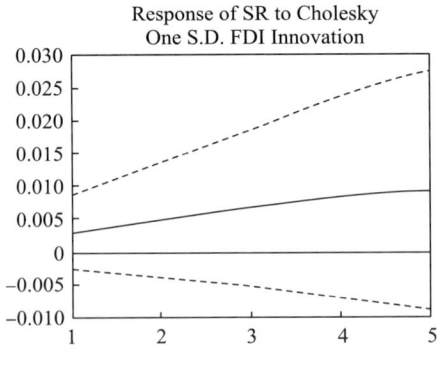

图 8-2　脉冲响应

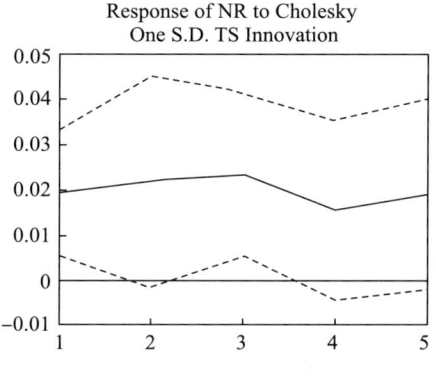

图 8-3 脉冲响应

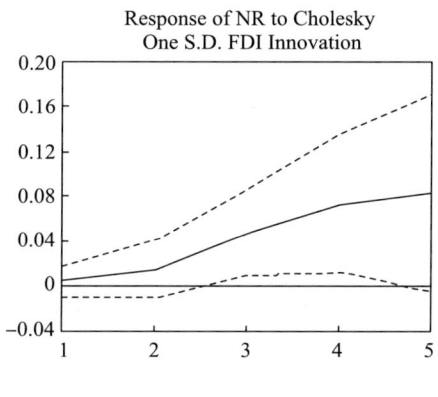

图 8-4 脉冲响应

  图 8-1 的结果表明,服务业产业增加值占比对来自服务进口贸易产业渗透率的信息冲击在开始的一段时间内有一个正向效应,而且这个正向效应在第 2 期达到最大,随后这种效应开始逐渐衰减。这种现象表明,服务业贸易产业渗透率的变化的确对服务业产业增加值占比的变化具有显著影响,且这种影响是正向的。换言之,以服务业贸易产业渗透率为标志的服务业开放度提高,对于服务业发展的反向拉动作用是存在的。图 8-2 的结果表明,服务业产业增加值占比对来自服务业利用外资产业渗透率的信息冲击在开始的一段时间内就有一个正向效应,其这种正向效应有不断持续扩大的作用。这一现象表明,服务业利用外资额的增加对于服务业产业增加值占比的提高具有正向作用,且这种作用具有持久

性。这一点也是比较容易理解的,即服务业利用外资作为服务业开放度的重要标志之一,其余服务贸易的最大区别在于,服务贸易可能是一种短暂影响或者说具有即时性,而服务业利用外资作为一种产业的存在和发展,更具有持续性特征,因此,与前述图8-1相比,服务业利用外资对服务业增加值所产生的影响可能更大,也更持久。

图8-3的结果表明,服务业劳动生产率对来自服务进口贸易产业渗透率的信息冲击在开始的一段时间内有一个正向效应,但在第三期的时候这种正向效应逐步弱化,随后在一个低水平的层次上呈现平稳发展。显然,这一点与前文采用的服务业产业增加值占比作为分工层次和水平的替代变量进行分析时所得结果极为相似。服务贸易的发展具有即时效应,但这种效应的持久性不强。当然,这种持久性不强的原因也可能在于服务进口贸易对服务业劳动生产率的提高,尤其是对高端生产者服务业的带动作用还不明显。结合前文的分析可知,中国服务业的开放滞后于制造业的对外开放,因此在开放度较为滞后的情况下,对服务业劳动生产率变化的传导作用尚不明显,是可以理解的。与之相比,图8-4的结果表明,服务业劳动生产率对来自服务业利用外资产业渗透率的信息冲击在开始的一段时间内就有一个正向效应,且这种正向效应随着时间的推移在不断放大。由此可见,服务业利用外资对服务业劳动生产尤其是高端生产者服务业具有积极的推动作用。

第二节　服务贸易自由化与服务业发展质量提升

前一节我们采用 VAR 模型初步分析了服务贸易自由化与服务发展之间的关系,包括对服务业规模扩张和服务业劳动生产率提升的影响效应。本节从技术复杂度视角,进一步分析服务贸易自由化对服务业发展质量的影响。

一、研究设计

由于上一节分析中,我们采用服务进口产业渗透率,以及 *FDI* 产业渗透率作为服务贸易自由化的替代变量。为进行比较和综合分析,本节采用服务进口额作为服务贸易自由化的替代变量。针对服务业发展质量的测度,目前尚无统一指标。前一节我们采用劳动生产率作为服务业发展质量的测度指标,本节将以服务出口复杂度作为服务业发展质量的测度指标,进行进一步的计量研究。

(一)服务出口复杂度的测算方法

与 Gable 等(2011)的研究类似,本书亦借鉴 Hausmann 等(2005)提出的关于制成品出口复杂度的测度方法测算服务出口复杂度。按其测度方法,服务出口复杂度的测算可分两步进行。第一步,测度服务出口中某一分项的技术复杂度指数(TSI),具体的计算公式如下:

$$TSI_k = \sum_j \frac{x_{jk}/X_j}{\sum_j (x_{jk}/X_j)} Y_j \qquad (8-2)$$

其中,TSI_k 为服务贸易分项 k 的技术复杂度指数,x_{jk}、X_j 以及 Y_j 分别代表国家 j 的服务分项 k 的出口额、服务贸易出口总额以及人均收入水平(通常以人均 GDP 表示)。使用上述公式测算服务贸易中某一分项服务技术复杂度的内在逻辑正是基于李嘉图的比较优势理论。因为比较优势理论认为,开放条件下一国选择生产和出口何种产品,取决于其比较成本。这也就意味着,低技术复杂度服务将由具有初级劳动优势的低工资国家提供,而高技术复杂度服务将由具有技术优势的高工资国家提供,这是基于比较优势的专业化分工所决定的。换句话说,技术复杂度越高的服务分项,越可能由工资水平较高的国家(地区)提供和出口。因此,服务贸易中某一分项服务的技术复杂度指数,即可表示为提供该项服务的各国家的工资水平加权平均,而权重即为一国(地区)该服务分项出口的显示性比较优势指数。通常而言,一国(地区)的工资水平与其人均 GDP 密切相关,因此,在测算服务出口某一分项的技术复杂度时,可以使用人均 GDP 作为一国(地区)工资水平的替代变量。按照上述方法计算出服务贸易中所有服务分项的技术复杂度指数后,接下来再计算一国(地区)服务出口的总体技术复杂度指数(EX),具体的测算公式如下:

$$ES = \sum_k \frac{x_k}{X} TSI_k \qquad (8-3)$$

其中,x_k 为一国(地区)服务分项 k 的出口贸易额,X 为该国(地区)的服务贸易出口总额,TSI_k 即为根据上述式(8-2)所测算的服务分项 k 的技术复杂度指数,ES 即为测算出的一国(地区)服务出口复杂度指数。根据式(8-2)和式(8-3),在可以获取相应数据的前提下,我们可以测度任一国家(地区)在任一年度的服务出口复杂度指数。需要说明的是,与制成品出口技术复杂度通常所采用的静态测度方法不同,本书采用动态方法测算服务出口技术复杂度。所谓静态测算方法,是指利用式(8-3)计算出口技术复杂度(ES)时所使用的各分项产品的技术复杂度指数(TSI)是样本区间内的平均值。换言之,在计算不同年份服务出口技术复杂度指数时,采用的 TSI 是一个相对静态的常数值,因此,此时测算出来的 ES 值主要取决于具有不同 TSI 值的出口产品分项在一国(地区)的总出口中所占比重,或者说,一国(地区)的出口技术复杂度提高主要源于出口品从较低 TSI 值的产品向较高 TSI 值的产品转变。本书采用动态方法测算服务出口复杂度指数,也就是说利用式(8-2)计算出口技术复杂度(ES)时,所使用的各分项服务技术复杂度指数(TSI)是根据各年度计算出来的当年值而非样本期间的平均值。之所以采取动态测算方法,主要是考虑到现行关于服务贸易的统计数据,还远远达不到像货物贸易那样细致,因此,在相对宏观分类层面上的服务贸易统计数据很难真实反映一国(地区)在某一宏观分类项下的亚分项演进,尤其是在服务业如同制造业一样碎片化发展趋势日益深入演进的情况下,情况尤为如此。这种亚分项的演进其实恰恰可以通过 TSI 值的变动加以表现。综上,较之于静态测算方法,采用动态方法计算出的一国(地区)的服务出口技术复杂,其变化(提升)可能源于两个方面:一是服务贸易出口分项从低 TSI 值的分项服务向高 TSI 值的分项服务出口转变;二是每一分项服务自身 TSI 值的提升(往往是服务贸易宏观分类统计数据层面下所隐含的出口亚分项的变化)。

(二)变量选取及模型设定

本书着重研究服务进口是否影响以服务出口技术复杂度表征的服务业发展质量,不言而喻,服务出口技术复杂度即为被解释变量。然而,把服务出口技术复杂度作为计量模型的被解释变量时,对于其影响因素,即自变量的选取是一个较为棘手的问题,因为就影响服务贸易发展的主要因素而言,均有可能对服务出口技术复杂度产生重要影响。正如 Rust 等(2005)在综述有关服务业发展问题的研究文献时所指出的，针对服务业发展的理论研究存在着许多不完全相同的解释，而针对影响服务贸易发展因素的分析也多达几十种。因此，除了我们最为关注的服务进口（IM）这一关键变量外，综合现有关于服务贸易影响因素的相关研究，我们还选取人力资本（HU）、服务业发展规模（SERV）、服务贸易开放度（OPEN）、利用外资额（FDI）以及制度质量（INST）作为关键的解释变量。除了服务进口因素外，之所以还选取上述5个关键的解释变量，主要基于如下考虑。

人力资本变量能够成为影响服务贸易的主要因素，甚至可以说作为服务贸易比较优势的决定性因素，已经基本成为国际服务贸易理论研究中的共识（Hoekman和Mattoo，2008）。更为重要的是，不同服务分项的要素密集度特征往往差异较大。换言之，人力资本对不同服务分项的重要性而言也是存在显著差异的。例如，建筑服务、运输服务等传统服务分项较之于计算机和信息服务以及专利和特许等新兴服务分项，对人力资本所产生的需求或者说所内含的人力资本密集度相对而言就会比较低。从这一意义上来说，出口复杂度越高的服务分项对人力资本的需求也就会越强烈。换言之，人力资本因素可能对服务出口技术复杂度具有重要影响。

至于服务业发展规模，通常而言，产业结构的演进基本上遵循如下规律：从农业在国民经济中处于主导地位逐步转变为工业处于主导地位，再由工业处于主导地位逐步向服务业处于主导地位转变。这是产业结构高级化发展的一般性规律。国际贸易内容的变化也会反映这个发展的过程。这是因为，产业是源，贸易是流，产业的发展状况通常决定贸易结构和贸易模式。从出口复杂度的角度来看同样如此，换言之，服务业发展规模会决定一国（地区）的服务出口状况，从而影响着服务出口技术复杂度水平。

关于服务贸易开放度，主要通过竞争效应等作用机制而对服务技术复杂度可能产生影响。众所周知，竞争是促使微观经济主体不断进行技术创新和提升效率的重要动力，而服务贸易的开放度是影响竞争程度的一个重要因素，从而对服务贸易的发展具有重要影响。不言而喻，服务贸易开放度越低，或者说国际市场上提供的服务进入一国（地区）的壁垒越高，对来自外部市场的竞争效应抑制作用就会越强；反之，服务贸易开放度越高，或者说国际市场上提供的服务进入一国（地区）的壁垒越低，该国（地区）服务提供者面临来自外部市场的竞争也就越强。当然,在一国(地区)的服务业发展尚不具备高级化的先决条件下,基于比较优势的服务贸易过度开放也有可能会使得具有更高复杂度水平服务在竞争中夭折,从而其服务出口技术复杂度会被推至一个更低的水平。因此,服务贸易开放度对服务出口技术复杂度的影响可能具有不确定性。

就利用外资额而言,同样也会对一国(地区)的服务出口产生重要影响。实践证明,对外直接投资不仅是一个资金流动问题,而是以资金为载体的包括技术、管理、营销等一揽子生产要素的跨国流动,因而会对一国相关产业的建立、发展以及高级化发展进而出口贸易发展都会起到一定的推动作用。实际上,改革开放以来中国制成品出口贸易的快速扩张所具有的外资嵌入型典型特征就是明证。更为重要的是,在当前全球价值链分工模式下,贸易投资已经呈现高度一体化的发展模式,正如联合国贸发会议(UNCTAD,2013)的一项研究所指出的,FDI 主导的全球价值链已经成为全球贸易增长的重要驱动因素,进而导致一国出口贸易与利用外资额之间呈现显著的正相关关系。由此可见,跨国公司通过以 FDI 的方式进行生产阶段和服务环节的区位配置,不仅会影响一国(地区)的服务贸易额,同样会影响一国出口复杂度包括服务出口技术复杂度。当然,FDI 是否真正能够带入更高的技术水平,可能会因其不同动机而异,更可能因不同来源和流向而异,理论和实际部门持有以市场换技术失败论的观点也是存在的。因此,FDI 究竟会产生怎样的影响,还需要从实证层面给予回答。

就制度质量对国际贸易的影响而言,大多针对货物贸易的研究文献均认为制度质量能够构成一国(地区)比较优势的重要来源(Levchenko,2007)。在我们看来,制度质量对于服务贸易而言同样重要,甚至更为重要,尤其是对于复杂度水平越高的服务贸易来说,对制度质量的要求可能会更高,这是因为,与货物相比,由于服务所具有的无形性、更加异质性以及通常要求服务提供者和消费者同时乃至同地出现等特性,服务交易的信任特征十分显著,并且越是具有技术内涵的或者说复杂度水平越高的服务,上述特征也就越发显著,从而服务交易对外在的制度质量会有较强的依赖性。正是基于这一意义,我们认为,制度质量可能成为影响服务出口技术复杂度的重要因素。

除此之外,在综合现有关于制成品出口技术复杂度影响因素的研究文献基础之上,将人均 GDP 以及人口规模(*POP*)、基础设施(*INFR*)以及货物贸易出口额(*EX*)作为控制变量纳入到计量模型之中。纳入上述控制变量,不仅能够避免估计结果出现遗漏变量偏差问题,而且还可以结合现有文献的研究结论,进一步明晰影响制成品出口技术复杂度的主要因素,是否对服务出口技术复杂度也具有类似影响。据此,本文将计量模型的形式设定如下:

$$LnES_{i,t} = \alpha_0 + \beta LnIM_{i,t} + \alpha_1 LnHU_{i,t} + \alpha_2 SERV_{i,t} + \alpha_3 OPEN_i + \alpha_4 FDI_{i,t} + \alpha_5 LnLnINST_{i,t} + \beta Z_{i,t} + \mu_i + \gamma_i + \varepsilon_{i,t} \quad (8-4)$$

其中,HU 表示人力资本变量,$SERV$ 表示服务业发展规模,$OPEN$ 表示服务贸易开放度变量,FDI 表示利用外资额变量,$INST$ 表示制度质量变量,分别为政治风险指数、经济风险指数以及金融风险指数表示的制度质量替代变量,Z 表示上文所述的各种控制变量,μ 表示时期固定效应变量,v 表示国家(地区)的固定效应变量,ε 为误差项。由于不同变量水平值存在巨大差异,在计量分析过程中,我们对服务出口技术复杂度变量,以及解释变量中的人力资本变量、制度质量变量、人口规模变量、人均 GDP 变量以及基础设施变量取自然对数,Ln 即为自然对数符号。样本期间设定为 2000~2013 年,样本范围即为上海、江苏和浙江。

(三)数据来源及说明

服务出口技术复杂度指数和实际人均 GDP 数据,来源于联合国贸发会议统计数据库。人力资本变量采用公共教育经费支出占 GDP 比重表示,服务业发展规模变量(SV)的数据,我们采用服务经济总量占 GDP 总量之比表示,其中服务经济总量和 GDP 总量数据均来自于联合国贸发会议数据库。至于制度质量的量化往往比较主观而且难以测量。值得庆幸的是,我国有一些学者在这一方面已经做出开拓性贡献。例如,樊纲和王小鲁(2006)开发的中国市场化指数体系;陈敏等(2007)用中国相邻省份的相对价格数据来刻画市场分割的程度;钟昌标等(2006)使用政府管制指标和非国有经济发展水平等来反映我国的制度质量;金祥荣等(2008)使用司法制度质量和产权保护质量作为制度质量的替代变量,即采用地区财政收入中罚没款收入占 GDP 之比衡量产权保护程度,该比值越大表明产权保护制度质量越低,以及采用 GDP 与地区财政收入中公检法支出之比衡量司法制度质量,该比值越大表明司法制度质量越低。本书衡量区域层面制度质量时,主要借鉴钟昌标等(2006)和金祥荣等(2008)的做法,即采用三种指标作为制度质量的替代变量:政府管制指标(GOV)、非国有经济发展水平

(NS)以及地区财政收入中罚没款收入占GDP之比（FG）。关于服务贸易开放度的衡量，本书采用文献研究中关于贸易开放度测度所使用的所谓贸易渗透率指标，即一国（地区）服务进出口总额与其服务业增加值之比。利用外资额变量，本书采用一国（地区）吸引外资存量额与GDP之比作为替代变量，之所以如此，是为了消除规模差异所产生的影响。实际上，更为精确的做法应该使用服务业利用外资额，但是考虑到数据的可获得性，我们并没有严格区分服务业和非服务业FDI，而是使用外资利用总额这一替代性做法，其合理性不仅在于外资利用总额中包括服务业利用外资额，与此同时，制造业和服务业之间存在互动关系基本已成共识。因而从这一意义上来说，制造业利用外资对服务业进而服务贸易可能产生间接作用。各种数据均来自于样本地区的历年统计年鉴。

二、实证结果及分析

（一）OLS估计结果

考虑到仅以所选样本自身效应为条件而进行的研究，本书对上述计量模型（8-4）采用固定效应模型进行估计，所得结果如表8-5所示。

表8-5 OLS回归估计结果

变量	（1）	（2）	（3）	（4）	（5）	（6）
IM	0.067453***	0.065138***	0.062976***	0.063588***	0.064012***	0.065314***
	(3.65)	(3.22)	(3.17)	(3.24)	(3.71)	(3.19)
HU	0.117910***	0.118292***	0.118246***	0.120677***	0.120677***	0.120741***
	(9.88)	(9.93)	(9.92)	(11.55)	(11.52)	(11.51)
SER	0.015388	0.032203	0.006780	0.574138	0.563935	0.579839
	(0.06)	(0.12)	(0.26)	(1.43)	(1.44)	(1.51)
OPEN	2.787989***	2.780248***	2.793232***	2.759585***	2.751810***	2.761491***
	(4.11)	(3.98)	(4.25)	(9.77)	(9.68)	(9.83)
FDI	0.007665*	0.005331*	0.009322*	0.096067*	0.098711*	0.095384*
	(1.88)	(1.99)	(1.95)	(1.93)	(1.89)	(1.92)

续表

变量	(1)	(2)	(3)	(4)	(5)	(6)
NS	-0.215961*			-0.047575**		
	(-1.81)			(-2.21)		
GOV		-0.315973**			-0.246203**	
		(2.17)			(1.96)	
FG			-0.265688**			-0.108441**
			(-2.75)			(-0.81)
GDP				0.369009***	0.368269***	0.368253***
				(10.56)	(10.59)	(10.57)
POP				0.074174	0.056176	0.078422
				(0.48)	(0.36)	(0.51)
EX				-0.951795***	-0.955095***	-0.950672***
				(-12.36)	(-12.42)	(-12.34)
INFG				0.006028***	0.005973***	0.005991***
				(7.03)	(6.98)	(6.996)
常数项	6.714539***	8.736867***	6.649892***	5.067745***	6.071837***	4.899152***
	(6.07)	(16.25)	(11.77)	(4.129)	(6.66)	(5.32)
调整后的 R^2	0.39001	0.38032	0.39215	0.41591	0.40182	0.41351

注：估计系数下方括号内的数字为系数估计值的 t 统计量，其中"*"、"**"和"***"分别表示 10%、5% 和 1% 的显著性水平。

表 8-5 第 2 列至第 4 列的回归结果是仅将本书选取的关键解释变量即中国服务贸易进口额变量、人力资本变量、服务业发展规模变量、服务贸易开放度变量、FDI 利用额变量以及制度质量变量，纳入计量模型进行回归分析所得。从中不难看出，中国服务贸易进口额变量的系数估计值始终为正，且至少在 1% 水平下通过显著性检验，表明中国服务贸易进口的确对服务出口技术复杂度具有显著正向影响。人力资本变量的系数估计值也始终为正，且至少在 1% 的显著性水平下对服务出口技术复杂度具有积极影响。这一结果意味着人力资本越是丰富的经济地区，其服务出口技术复杂度水平也就越高，也是与现有的理论预期相一致的。就服务业发展规模变量的系数估计值而言，其虽然为正，但并不具备显著

性。换言之，以服务经济总量占 GDP 总量之比表示的服务业发展规模并没有对服务出口技术复杂度产生显著影响。这一结果有些出乎我们的预期，可能的原因在于服务业规模扩张并不一定逻辑地带动服务业自身内部结构的优化升级或者高级化发展，对此，还需要进一步的专文探讨。服务贸易开放度变量的系数估计值为正，且至少在 1% 的显著性水平下对服务出口技术复杂度具有显著影响。这一结果说明服务贸易开放所带来的竞争效应可能超出冲击效应，从而促使服务业和服务企业的不断高级化发展进而服务出口技术复杂度的不断提高。当然，在服务业全球化和碎片化的发展趋势下，上述结果也可能是比较优势分工原理所带来的必然逻辑，即伴随贸易开放度的不断提高，具有知识和信息等优势的发达经济体愈来愈专注于复杂度更高的服务提供流程和环节，而将越来越多非核心流程和环节外包出去，必然表现为服务出口技术复杂度不断提升；与此同时，作为承接方来说，虽然承接了所谓非核心的服务提供流程和环节，但与其自身原有所从事的服务相比，则可能具有更高复杂度，从而同样表现为服务出口技术复杂度的不断提升。当然，上述逻辑的前提就是服务贸易开放度的不断提高。究竟是竞争机制发挥主要作用，还是服务业全球化和碎片化发展趋势下的分工原来发挥主要作用，抑或两种作用机制同时存在，本书的研究尚不能区分，进一步的分析还需要专文探讨。但有一点是肯定的，中国服务业进而服务贸易发展正是在服务业全球化和碎片化背景下开展的。就利用外资额变量而言，其系数估计值虽为正，但其影响的显著性并不高，仅在 10% 的显著性水平下对服务出口技术复杂度具有积极影响。其主要原因可能在于服务业利用外资刚刚处于起步阶段，且服务业利用外资的质量究竟如何，换言之，是流向中高端服务业还是流向中低端服务业，我们的判断可能是后者居多，从而使得 FDI 对服务出口技术复杂度的提升作用在实证结果中并非十分显著。至于制度质量变量而言，无论是使用非国有经济发展水平、政府管制指标抑或是使用地区财政收入中罚没款收入占 GDP 之比作为替代变量，回归系数值均为正且至少在 10% 显著性水平下对服务出口技术复杂度产生显著影响，这一结果与现有的理论预期也是吻合的。

表 8-5 中第 5 列至第 7 列的回归结果是纳入控制变量后进行回归估计所得。结果显示，在纳入控制变量后，前述各关键变量除了回归系数估计值的大小有所变化外，至于其影响的方向性及其显著性，均没有呈现实质性改变，从而说明估计结果的稳健性。就控制变量本身而言，人均 GDP 变量的系数估计为正且均在

1%的显著性水平下对服务出口技术复杂度具有积极影响,从而说明经济发展水平对服务出口技术复杂度的关键,这一结果与产业结构演进理论也是一致的。人口规模变量的回归结果不具显著性,说明人口规模并未在服务业发展中产生规模效应。实际上,人口规模能否真正转化为规模经济效应,关键在于人口规模是否能够形成真正的市场需求,而从这一意义上来说,这又与经济发展阶段是相关的。具体而言,由于中国在全球价值链分工中仍然处于中低端的事实,可能致使人口规模变量在服务业领域发展中并未表现出显著的规模效应。货物贸易出口额变量的系数估计值为负且具有显著性影响,这一结果多少有些出乎预期,说明货物出口规模占比的提高并未逻辑地带动服务出口技术复杂度的提升,反而具有反向影响。可能的原因在于与经济发展阶段所决定的产业结构有关。也就是说,当经济发展阶段所决定的以第二产业为主进而货物出口占比较高时,服务贸易发展可能处于相对滞后状态,从而服务出口技术复杂度也就相对较低;反之,当经济发展到更为高级的阶段从而以服务经济形态为主时,货物出口占比可能会相应下降,而服务出口技术复杂度则会相应更高。基础设施变量的系数估计值为正且具有显著性,说明基础设施完善对服务出口技术复杂度具有重要影响,这一结果与前文预期也是一致的。

(二)系统 GMM 估计结果

面板数据的 OLS 估计方法,通常会面临扰动项自相关问题以及某些回归变量并非严格外生而是先决变量等问题的困扰。此外,出口行为往往具有持续性特征,从服务出口技术复杂度变化的视角来看,同样如此,即上一期服务出口技术复杂度对当期可能具有重要影响。因此,将服务出口技术复杂度滞后一期作为解释变量之一引入计量模型(8-4)后,便有如下动态面板数据模型(8-5):

$$LnES_{i,t} = \alpha_0 + \beta ES_{i,t-1} + \alpha_1 LnHU_{i,t} + \alpha_2 SERV_{i,t} + \alpha_3 OPEN_i + \alpha_4 FDI_{i,t} + \alpha_5 LnLnINST_{i,t} + \beta Z_{i,z} + \mu_i + \gamma_i + \varepsilon_{i,t} \quad (8-5)$$

显然,由于在动态面板数据模型(8-5)中,滞后一期的被解释变量这一内生性变量被作为解释变量之一纳入其中,因此,使用一般的最小二乘估计法容易带来估计偏误问题。对此,系统广义矩估计法(System GMM)可以较好地解决上述问题。系统 GMM 估计包括一步法和两步法两种,相比而言,一步法估计更为有效,因此,我们选择一步法进行估计。表 8-6 呈列的结果即是采用系统广义矩估计方法对动态面板数据模型（8-5）进行估计所得。

表8-6 系统 GMM 回归估计结果

变量	(1)	(2)	(3)	(4)	(5)	(6)
ES(-1)	0.334032***	0.333290***	0.333193***	0.255631***	0.254799***	0.255296***
	(18.55)	(18.49)	(18.49)	(15.66)	(15.60)	(15.63)
IM	0.066231***	0.065317***	0.065122***	0.064978***	0.064682***	0.063766***
	(3.65)	(3.22)	(3.17)	(3.24)	(3.71)	(3.19)
HU	0.101865***	0.102325***	0.102394***	0.105833***	0.105960***	0.105940***
	(10.35)	(10.41)	(10.42)	(12.27)	(12.32)	(12.29)
SGOV	0.187282	0.182942	0.187967	0.551082	0.550007	0.553152
	(0.84)	(0.89)	(0.86)	(0.82)	(0.82)	(0.83)
OPEN	2.342308***	2.340574***	2.349326***	2.512351***	2.509415***	2.515045***
	(5.29)	(5.24)	(5.21)	(4.84)	(4.73)	(4.89)
FDI	0.004945*	0.005864*	0.003191**	0.115306*	0.117010*	0.114653**
	(1.93)	(1.96)	(2.09)	(1.89)	(1.96)	(2.18)
NS	-0.174323**			-0.012858***		
	(-2.80)			(-2.06)		
GOV		-0.112361*			-0.111755*	
		(-1.93)			(-1.97)	
FG			-0.147366**			-0.069629*
			(-2.19)			(-1.94)
GDP				0.312590***	0.312587***	0.312280***
				(10.32)	(10.36)	(10.34)
POP				0.154116	0.145711	0.154283
				(1.18)	(1.12)	(1.18)
EX				-0.834504***	-0.836818***	-0.834168***
				(-3.62)	(-3.61)	(-3.62)
INFG				0.004188***	0.004169***	0.004168***
				(5.67)	(5.62)	(5.62)
常数项	4.188444***	5.320936***	4.383009***	3.845747***	4.269865***	3.652240***
	(4.58)	(11.21)	(9.06)	(3.99)	(5.52)	(4.68)
Wald-χ^2 统计量	16634.02	17568.18	17847.37	34083.47	34835.53	35065.62

续表

变量	(1)	(2)	(3)	(4)	(5)	(6)
Sargan 检验	135.554	123.465	121.455	135.0571	149.159	149.5674
AR (1) 检验 p 值	0.2148	0.1027	0.0784	0.1234	0.0863	0.2136
AR (1) 检验 p 值	0.7986	0.6935	0.6395	0.5879	0.5736	0.7318

注：估计系数下方括号内的数字为系数估计值的 z 统计量，其中"*"、"**"和"***"分别表示 10%、5% 和 1% 的显著性水平。在系统 GMM 回归过程中，误差为稳健性标准误差（robust standard GOVrors）；系统矩估计的一致性要求，允许差分方程存在一阶自相关，但不存在二阶或者更高阶的自相关，AR (1) 和 AR (2) 的原假设为"扰动项不存在自相关"，原假设下统计量服从标准正态分布；Sargan 检验的是工具变量的合理性，原假设 H0 为"工具变量过度识别"，若原假设被接受，则表明工具变量选择是合理的。

与表 8-5 报告回归结果的逻辑一致，表 8-6 第 2 列至第 3 列报告的估计结果是将服务出口技术复杂度滞后一期、服务贸易进口额变量、人力资本、服务业发展规模、服务贸易开放度、利用外资额以及制度质量作为基础解释变量，进行回归所得，而第 5 列至第 7 列报告的结果则是纳入控制变量后进行回归估计所得。由表 8-6 给出的各列回归结果，我们可以得到如下几点基本结论：第一，在所有各列估计结果中，作为解释变量的滞后一期服务出口技术复杂度，其系数估计值均为正，并且均在 1% 显著性水平下对当期服务出口技术复杂度产生积极影响，这一结果表明服务出口技术复杂度具有持续性特征。第二，作为基础解释变量的中国服务贸易进口变量、人力资本、服务贸易开放度、外资利用额，对服务出口技术复杂度均具有显著的正向影响，而服务业发展规模对服务出口技术复杂度虽然具有正向影响，但并不显著。第三，作为基础解释变量的制度质量，无论使用非国有经济发展水平作为替代变量、政府管制指标作为替代变量，抑或是使用地区财政收入中罚没款收入占 GDP 之比作为替代变量，系数估计值均为负且具有显著性。总体而言，这一结果再次证实了完善的制度质量对服务出口技术复杂度提升所具有的积极作用。第四，作为控制变量的人均 GDP 以及基础设施变量，均对服务出口技术复杂度具有显著积极影响，从而再次证实了经济发展水平的提高以及基础设施的不断完善，对提升服务出口技术复杂度的重要作用。作为控制变量的人口规模，在不同的组合回归结果中，其系数估计值不仅大小不同，更为重要的是均没有通过显著性检验，从而说明人口规模变量对服务出口技术复杂度的影响是不确定的，或者说，回归结果并未揭示人口规模对服务出口技术复杂度具有重要影响。这一结果与前文使用 OLS 和 TSLS 进行回归所得结果也是基本一致的。作为控制变量的货物出口变量，各列的回归结果均显示其系数估计值为负并具有显著性，这一结果与前文分析具有较高一致性，至于其可能的原因，此处不再赘述。总之，基于以上分析可见，扩大服务业开放不仅能够推动本国服务业规模扩张，而且也有利于本国服务业发展质量水平的提升。

第三节　开放条件下制造业服务化的路径优化

前述各章的研究结论发现，制造业服务化虽然对制造业攀升全球价值链具有促进作用，但这种促进作用主要发生在依托国内服务投入增加而实现的制造业服务化，而当制造业服务化的服务投入主要来自于国外服务要素时，其对制造业攀升全球价值链的影响却是负面的和消极的。在全球服务贸易自由化发展大趋势下，扩大服务业开放无疑会增加服务进口，包括作为制造业中间投入的服务进口，因此如何优化制造业服务化发展路径，需要科学施策。前述针对服务贸易自由化对服务业发展，包括服务业规模扩大和服务业质量提升的计量研究中发现，实施服务贸易自由化政策对本国服务业发展是存在积极效应的。这一结果也就意味着依托扩大服务业开放，可以在促进本国服务业发展过程中，夯实制造业服务化发展的国内产业支撑基础。因此，在制造业服务化发展过程中，在同时具有国外服务要素和国内服务要素可选择和竞争条件下，从制造业攀升全球价值链的现实需求角度看，制造业服务化过程中就是要增加国内服务要素的供给和投入。因此，制造业服务化发展的路径优化问题实质就是在扩大服务业开放中采取怎样的开放战略，从而能够更加有效地促进本国服务业发展问题。如果说扩大服务业开放是一种必然趋势，以及在此背景下服务进口包括作为制造业中间投入的服务进口是既定的，那么改变制造业服务化过程中的服务投入国别来源结构，更确切地说，尽可能提升国内服务投入要素的比重，那么唯一的可行路径就是，在抓住服务贸易自由化的战略机遇中，通过有序和有策略地开放而促进本土服务业发展。

相比于制造业开放而言,目前服务贸易自由化和扩大服务业开放毕竟处于起步阶段。扩大服务业对外开放虽然对于中国开放型经济发展的现实阶段而言既紧迫又必要,这不仅是顺应全球贸易发展新趋势的需要,也是促进开放型经济转型升级的需要。但这并不意味着服务业要立刻全盘放开。因为既有的经验表明,开放往往是机遇与风险相伴的过程,况且服务业的开放所面临的风险要明显高于制造业。因此,扩大中国服务业对外开放,正确的路径选择非常重要。根据中国开放型经济发展的现实阶段,以及通过服务业开放带动国内服务业发展,从而夯实制造业服务化所需国内服务业基础的现实需要,扩大服务业对外开放的路径选择应着重把握好以下几个方面:一是扩大服务业对外开放要注重开放时序;二是扩大服务业开放要找准重点部门和重点领域;三是要遵循经济发展规律;四是在具体的开放形式上要走多管齐下的发展路径。具体来说,扩大服务业对外开放应把握好如下几个方面,以铺垫优化制造业服务化发展的路径。

一、在把握好开放节奏和顺序中优化发展路径

从全球范围看,服务业开放是大势所趋,中国虽然在高端服务业门类方面竞争力仍不足,但我们在传统服务业及电子商务方面仍具有明显的优势,如何引进竞争机制,促进公平竞争的法治营商环境至关重要。如果不主动开放,待新的高标准的服务贸易规则形成后,中国的开放空间和政策选择就会相对变小,因此与其被动接受,不如主动适应,并在全球经济治理中获得更大的谈判筹码。从国内经济发展形势看,服务业的开放能够带动国内服务业加快发展,生产性服务业的开放对产业结构升级、价值链攀升有促进作用。与此同时,服务业开放需要把握好节奏、顺序、时机的选择,对不同部门,可采取有区别的措施,随着竞争力的提升及开放进程的深入再做调整。总之,全球服务贸易自由化发展趋势下,既要顺应发展大势主动扩大服务业开放,又要把握好开放的节奏和顺序;既要避免对国内某些重要服务业部门产生严重的冲击,又要能够有效带动国内服务业的发展。也就是说,在符合国际经济规则条件下采取适度保护,通过渐进有序的开放不断引入竞争机制,促进国内服务业发展。

二、在选择好重点部门和领域中优化发展路径

对此,应基于以下两个方面的考虑:其一,在进一步扩大开放的重点领域部门上,应将与货物贸易相关的生产性服务业先行开放;其二,能够体现开放倒逼改革的服务业行业部门先行开放。基于上述两个方面的考虑,我们认为,在扩大中国服务业对外开放的部门选择上,首先,要扩大开放金融、教育、文化、医疗、旅游等服务业领域。鼓励外资设立或参股省内银行、保险公司、证券公司等金融机构和金融租赁、消费金融、商业保理、互联网金融组织以及融资性担保公司、小额贷款公司等新型金融市场主体。支持国内金融机构谋划海外布局,实现国际化发展。支持国内企业境外上市,发行债券,进一步拓展海外融资渠道。积极引进优质教育资源开展中外合作办学,地方政府给予中外合作办学机构在教育用地等方面享受优惠政策。支持北京、上海、广州、深圳、苏州、南京等地吸引外商投资文化创意、动漫游戏、数字产业、文化会展、出版发行和印刷产业,允许外商以合资、合作的方式设立和经营演出场所、电影院、演出经纪机构,合作开展广播电视节目、电影制作业务和音像制品分销业务。吸引各类外资在国内举办独资医疗机构,鼓励外资优先投向优质医疗资源稀缺的区域以及特需医疗服务短缺的领域,支持外资医疗机构在用地、用电、用水、职称评定以及医保等方面享有与公立医院同等待遇和政策。加快旅游业开放步伐,支持外商投资兴办旅行社。其次,要有序放开养老、商贸流通、电子商务等服务业领域。鼓励支持国外、境外企业和个人在国内设立外资养老服务机构,在税收优惠、财政支持等方面与内资养老服务机构享有同等待遇,重点支持已有一定基础的城市探索养老服务产业发展新模式。坚持内外资并重和一视同仁的原则,争取在开放型经济相对发达的地区如长三角等地放开网上销售外资准入限制,在中等发达地区探索放开大型农产品批发市场等商贸流通领域的外资准入限制。大面积开展跨境电子商务试点城市建设,加快国际快递业务开放。争取在线数据处理与交易处理业务中的经营类电子商务业务台资股比放宽。

三、在遵循循序渐进开放规律中优化发展路径

扩大中国服务业对外开放，开放路径要遵循经济发展规律，应在继续发挥传统服务业优势的同时，大力发展现代服务业，以提升中国服务业的国际竞争力。中国的服务业特别是现代服务业总体上落后于发达国家，但在某些劳动密集型的服务领域仍然具有一定的优势。从资源禀赋看，中国的优势主要还在于劳动力资源丰富，而劣势在于资本和技术匮乏；发达国家则相反。从市场利益来看，中国市场开放程度高的劳动密集型服务业的利润趋于平均化，而市场准入程度低的资本密集型和技术密集型服务业有较高的垄断利润，成为外企青睐的"肥肉"。这就使中国在扩大服务业开放进程中，服务业在本土进行的服务竞争呈现不同的态势。中国劳动密集型服务业可依托本土丰富的劳动力资源提供服务，在与外企的竞争中占有优势。传统服务业经过多年发展建立了服务网络，对服务对象和服务市场比较熟悉，缩小了与国际水平的差距。资本密集型和技术密集型服务业因资本和技术的匮乏，在与外企的竞争中则处于弱势。新兴服务业需要雄厚资本、高新技术、高素质专业人才和创新能力，进入壁垒高，是我们的弱项。这些弱势产业只有在过渡期内迅速壮大，提高竞争能力，才能在跨国企业汹涌进入时不陷入困境。这需要政府实施正确的产业政策，在继续巩固传统优势服务产业的同时，对国内资本密集型、技术密集型服务业等现代服务业在人力资源配置、资金筹措、产品开发、规模经济、市场秩序的规范等方面给予扶持，以缓解或抵消扩大服务业开放过程中对现代服务业的冲击，进而使得中国第三产业整体素质不断攀升，以增强其国际竞争力。服务业向知识密集型服务转变是知识经济时代的必然要求，也是提升中国服务业竞争力的必然要求。总体而言，中国开放型经济经过多年高速发展，已经进入工业经济社会中期或中后期，在不远的将来，完全有可能先于全国提前进入知识经济社会，而作为知识密集型的城市，知识的创新、生产和传播已经有较好的基础，因此，中国率先大力发展知识技术含量高的现代服务业特别是现代生产性服务业，而将一些劳动密集型的低级生产性服务业向内地转移，这种发展路径是有可能的。目前，中国有些贸易公司只把贸易信息、接单、金融、产品开发等业务留在本城市，而将生产、工艺、包装、保管、运输等具体过程放在其他内陆城市进行，以发挥各区域间的优势，即是在这种发展路径的端倪。

四、在采取多管齐下形式中优化发展路径

除了发展传统形式的服务贸易外,一是要抓住全球服务业通过FDI形式进行跨国转移的重要机遇,提升中国服务业利用外资水平;二是要抓住当前全球服务外包蓬勃发展的战略机遇,大力发展中国的服务外包。就提升中国服务业利用外资水平而言,我们必须积极推动服务行业的市场化改革,打破行政垄断,根据经济形势的发展,在现有基础上逐步放宽对上述行业过多的投资限制,吸引更多外资进入,从而优化服务业内部结构,提升服务业外资比重。与此同时,还要在深入跟踪分析服务业全球化新趋势新特点的基础上,研究制定有利于承接国际服务业转移的外资政策,促进中国服务业国际竞争力的提高。重点要在市场准入、海关监管、外汇管理、规划保障、融资担保、知识产权保护、财税促进政策、人才培养培训等方面加紧出台创新措施,形成便捷高效服务发展的政策体系。至于服务外包,众所周知,国外客户在选择离岸外包提供商时,遵循的原则是"先选择国家或地区,再选择外包公司"(Country before Company),也就是首先考虑的是国家或地区,其次是承接服务外包的企业。为此,地方政府应该考虑下大力气完善与提升国家和外包基地城市的基础环境及整体形象,进行城市营销。地方政府应该在外包企业的统一形象、市场宣传方面发挥更大的作用,进一步加大江苏成绩服务外包的品牌推广力度。另外,就是由政府主导营造良好的知识产权保护环境,在国外客户的心目中树立中国保护知识产权的良好口碑。与此同时,鼓励和扶植企业在国外设立窗口,发展客户现场的交付能力。靠近客户才能获得高端的业务,中国的外包企业必须在国外建立窗口才能获得国外的一手订单,高端业务也必须直接接触终端客户,所以中国的服务外包企业要发展高端的外包业务必须要在国外设立窗口。例如,北京的一些大型外包企业已经在日本、美国设立分支机构,并发展了现场的交付能力。此外,实施服务外包大企业战略也至关重要,因为服务外包企业的规模直接制约着离岸业务的承接能力。各地区应该实施服务外包大企业战略,通过兼并重组等方式重点扶持若干家领头企业,提升这些企业的规模水平。例如,北京、上海等城市应该重点扶持5~10家外包龙头企业,以这些外包龙头企业为中心,形成大外包公司带动中外包公司、中外包公司带动小外包公司的完整外包生态链,逐渐形成良好的外包生态环境。这种经验做法值得其他地区借鉴。